Bernhard Hülsebusch

Karol der Große

Bernhard
Hülsebusch

Karol
der Große

Papst Johannes Paul II.

Anekdoten & Erinnerungen

benno

Ergänzte Neuausgabe des Titels „Fels mit Charme“

Bibliografische Information der Deutschen Nationalbibliothek
Die Deutsche Nationalbibliothek verzeichnet diese Publikation in der Deutschen Nationalbibliografie; detaillierte bibliografische Daten sind im Internet über http://dnb.d-dnb.de abrufbar.

Besuchen Sie uns im Internet:
www.st-benno.de

ISBN 978-3-7462-3110-5

Stammerstr. 11, 04159 Leipzig
Einbandgestaltung: Ulrike Vetter, Leipzig
Umschlagabbildung: © picture-alliance/dpa
Gesamtherstellung: Kontext, Lemsel (A)

Inhalt

Der Jahrhundertpapst

Seinen Bewunderern galt er schon zu Lebzeiten als „heilig“. Ein paar hundert von ihnen, vornehmlich Polen und Italiener, forderten nach der Totenmesse 2005 für Johannes Paul II. in Sprechchören auf dem Petersplatz denn auch: „Santo subito!“ (Sofort heilig). Der Nachfolger des charismatischen Papstes, Benedikt XVI., trug diesem Ruf Rechnung, indem er das normalerweise sehr langwierige Kirchenverfahren zur Seligsprechung – dieser Vorstufe der Kanonisation – de facto beschleunigte. Ende 2009 dekretierte er, wie von der zuständigen Vatikankongregation vorgeschlagen, den „heroischen Tugendgrad“ des Wojtyła-Papstes. Und Mitte Januar 2011 bestätigte er, als letzten Schritt, ein Heilungswunder, das dem „ehrwürdigen Diener Gottes“ Johannes Paul zugeschrieben wird.

Somit ging der Seligsprechungsprozess in Rekordzeit zu Ende: Am 1. Mai, nur sechs Jahre nach seinem Tod, wird Johannes Paul II. in einem besonders feierlichen Gottesdienst zur Ehre der Altäre erhoben. Papst Ratzinger erklärte im Blick auf den neuen Seligen: „Alle, die ihn kannten, die ihn geschätzt und geliebt haben, freuen sich mit der Kirche über dieses Ereignis."

Der 1. Mai steht in besonderem Bezug zu Johannes Paul: Er hatte bei der Heiligsprechung der von ihm verehrten polnischen Mystikerin Faustina Kowalska im Jahr 2000 den 1. Mai, diesen „weltlichen" Feiertag der Arbeit, zum liturgischen „Festtag der göttlichen Barmherzigkeit" erklärt.

Aus Anlass der Seligsprechung wird der Sarg Johannes Pauls aus den vatikanischen Grotten unter dem Petersdom in die Basilika hinaufgebracht. Und zwar in die zweite Kapelle rechts, diejenige des hl. Sebastian, gleich nach der Kapelle mit der berühmten „Pietà" von Michelangelo. Anders als Johannes XXIII. jedoch, der einbalsamiert wurde und seit seiner Seligsprechung in einem gläsernen Sarkophag liegt, bleibt Johannes Paul II. „unsichtbar": Sein Marmorsarg wird nicht geöffnet. Ab Anfang Mai werden unzählige Gläubige diese Grabkapelle besuchen. Und nicht wenige werden am Sarg des neuen Seligen beten. „Karol der Große", dieser Jahrhundertpapst, hat es verdient.

Rom, im Februar 2011

Lebhaft, ernst, fromm
Kindheit und Jugend in Polen

„Die großen Themen im privaten und päpstlichen Leben von Johannes Paul II. finden sich schon in seiner Kindheit und Jugend: Hingabe, Disziplin, Dramatik, Intellektualität, Entbehrungen, Mysterium und Marienglaubigkeit, sein von Leid geprägtes Verhältnis zu Frauen, die Beziehung zum Judentum. Und besonders die Passion für Polen als Messias der Völker."

Der italienische Autor Marco Politi über Papst Wojtyła

Knapp 5000 Katholiken und 1000 Juden, eine Metallfabrik und ein Sägewerk, lebhafter Markt, mehrere Klöster und zwei hoch angesehene Gymnasien: So war Wadowice. Eine Kleinstdt in Galizien, an den Ausläufern der Beskiden-Berge, deren Namen außerhalb Polens niemand kennen würde – wäre dort nicht der spätere Papst zur Welt gekommen. „Natus 18.V.1920 Carolus Josephus Wojtyła, katholisch, männlich, eheliches Kind ...“ So steht es im Geburtenregister der Marienkirche. Seinen ersten Vornamen (polnisch: Karol) erhält der Neugeborene nach dem Vater; den zweiten, Jozef, nach Joseph von Nazareth sowie dem polnischen Staatsoberhaupt und Nationalhelden Marschall Jozef Pilsudski.

Zwar ist Karol Wojtyła durch seine Abstammung tief im bäuerlichen Polen verwurzelt, wo man seine Vorfahren bis ins 18. Jahrhundert zurückverfolgen kann. Doch sein Vater war Berufssoldat. Er brachte es, als Galizien noch zum Habsburgerreich gehörte, zum Unteroffizier im k. u. k.-Heer und wurde 1918, nach Entstehung der Republik Polen, als Leutnant in die polnische Armee übernommen. Ein biederer Militärbeamter, verheiratet mit einer warmherzigen, kränklichen Frau, Karols Mutter Emilia. Der Junge, den Verwandte und Freunde Lolek nennen, wächst zusammen mit seinem älteren Bruder Edmund in einem religiös geprägten Milieu auf.

Das Familienglück dauert freilich nicht lange. Kurz vor Karols neuntem Geburtstag stirbt seine Mutter – ein schwerer Schicksalsschlag. Obgleich Karol nach dem Zeugnis seiner Lehrer ein lebhafter und eigentlich optimistischer Junge ist, „merkte man doch, dass der Verlust der Mutter seine Spuren hinterließ". 1930 wechselt Karol in das humanistische Gymnasium von Wadowice. Zwei Jahre später erliegt sein Bruder Edmund einer Scharlachinfektion – wieder ein Grund tiefen Schmerzes.

Als Pennäler hat Karol sowohl katholische wie auch jüdische Schul- und Spielkameraden. Wojtyłas Achtung vor Andersgläubigen und vor allem sein Respekt für die jüdische Religion wurzeln in dieser Atmosphäre. Und einige seiner lebenslangen Freundschaften stammen aus dieser Zeit. Der Gymnasiast Karol bekommt in den meisten Unterrichtsfächern die Note „sehr gut". Doch „er war kein Streber, er hat uns einfach in allem überragt", urteilt ein Schulkamerad. Mit der Zeit wird Karols Religiosität immer intensiver. So tritt er als 15-Jähriger in eine marianische Bruderschaft ein. Die Altersgenossen mögen ihn, weil sich bei ihm Ernsthaftigkeit und Frömmigkeit mit Sportlichkeit, Freundlichkeit und einem Sinn für Humor verbinden.

Was den Gymnasiasten besonders interessiert, ist die Literatur. Er begeistert sich für Gedichte des polnischen Romantikers Adam Mickiewicz, aber gleichfalls für die antiken Klassiker. Da er von seinem Vater Deutsch gelernt hat, kann er die Hauptwerke von Kant und Marx auf Deutsch lesen. Außerdem wirkt er als Laienspieler bei Schulaufführungen mit, wobei ihn Mieczyslaw Kotlarczyk und dessen Bühnentheorie vom „Lebendigen Wort“ fasziniert.

Das Abitur, Mitte Mai 1938, besteht Karol, der sich auch durch ein phänomenales Gedächtnis auszeichnet, mit Bestnoten. Bald darauf übersiedelt er mit seinem Vater nach Krakau, zum Universitätsstudium der Polonistik. Damals schreibt er bereits eifrig Dramen und Gedichte. Seine kraftvolle Lyrik, betont der Papst-Biograf Tad Szulc, „nimmt mit ihrer mystischen Hingabe und dem Gehorsam gegenüber der Kirchenlehre seinen philosophischen und theologischen Konservativismus vorweg. Und sie beweist seinen Patriotismus.“

1. September 1939, Kriegsausbruch. Zunächst fliehen Vater und Sohn Wojtyła vor den deutschen Truppen per Bus, Lkw und Pferdekarren 140 Kilometer weit nach Osten; dann müssen sie jedoch zurückkehren, weil der Vater den strapaziösen Treck nicht länger schafft. In Krakau erlebt Karol die Brutalität der deutschen Besatzung. Die Universität wird geschlossen, weshalb er sein Studium abbrechen muss. Später schuftet er, um der Deportation zur Zwangsarbeit in

Deutschland zu entgehen, in einem Steinbruch. Da 1941 sein Vater stirbt, ist er nun ganz auf sich allein gestellt. In seiner Freizeit engagiert er sich unter anderem wieder im „Theater des lebendigen Wortes“, das im Untergrund weiterbesteht. Diese Theatererfahrung, erinnert sich Johannes Paul II. viele Jahre später, „hat sich mir tief eingeprägt, auch wenn mir allmählich klar wurde, dass dies ... nicht meine Berufung war“. Letztendlich erkennt der Student: „Der Herr will, dass ich Priester werde.“

Baby und Muttergottes

Innige Verbindung zur Muttergottes und tiefe Verehrung für sie kennzeichnen Karol Wojtyła sein Leben lang. Das beginnt, obgleich indirekt, schon bei seiner Geburt am 18. Mai 1920 in der elterlichen Wohnung in Wadowice – wie Msgr. Slawomir Oder, der Postulator des Seligsprechungsverfahrens für Johannes Paul II., in einem neuen Buch berichtet. Kurz vor der Entbindung nämlich lässt dort die Wöchnerin Emilia Wojtyła von der Hebamme das Fenster öffnen: Somit sind die ersten Laute, die das Baby hört, „jene Gesänge zu Ehren der Madonna, die in diesem Augenblick, bei der Abendandacht im Marienmonat Mai, aus der nahen Pfarrei herüberklingen".

Seele des Hauses

Nach Erinnerungen des Papstes war es zunächst seine Mutter, die „das wundervoll religiöse Leben in unserer Familie" prägt. Denn sie strahlt eine ruhige, tiefe Frömmigkeit aus – und ist „die Seele des Hauses". Bald unterweist sie ihren zweiten Sohn, den sie „Lolus" (die Koseform von Karol) und später Lolek nennt, wie man sich bekreuzigt. Oft liest sie ihm aus der Bibel vor. Im Wohnungsflur der Wojtyłas befindet sich eine Weihwasserschale, in die Lolek, sein Bruder Edmund und die Eltern regelmäßig, wenn sie gehen oder kommen, ihre Finger tauchen, um sich zu bekreuzigen. Emilia träumt davon, dass Lolek einmal Priester werden würde.

Am Grab der Mutter

Mitte April 1929 erlebt Karol, damals knapp neun Jahre alt, den ersten schweren Schicksalsschlag: Seine Mutter, erst 45, stirbt. Für den Jungen eine traumatische Erfahrung; er leidet sehr. Später, als er schon an der Krakauer Universität studiert, fasst er den Schmerz in Worte. Denn eines seiner ersten, von mehreren Papst-Biografen überlieferten Gedichte, trägt den Titel „Das weiße Grab". Hier ein Auszug:

Auf Deinem weißen Grab
blühen weiße Blumen des Lebens –
Oh wie viele Jahre sind vergangen
Ohne Dich – geflügelte Seele –
Über Deinem weißen Grab,
Oh Mutter, geliebte Dahingeschiedene,
Die ganze Liebe des Sohnes
In einem Gebet: Ewige Ruhe.

Jüdische Schulkameraden

Lolek, alias Karol, hat katholische, aber auch ein paar jüdische Schul- und Spielkameraden, darunter Jerzy („Jurek") Kluger. Die Jungen spielen gern Fußball auf einer Wiese am Fluss Skawa. Eines Tages, erzählt man, betritt Jurek die nahe gelegene Kirche, um Lolek zu einem Fußballmatch abzuholen. Als eine Frau aus dem Städtchen sich darüber wundert, den Sohn des jüdischen Gemeindevorstehers in dem katholischen Gotteshaus zu sehen, kontert Karol: „Sind wir nicht alle Kinder Gottes?"

Lolek und Jurek

Der Zufall will es, dass Jerzy Kluger später in Rom als Bauunternehmer lebt. Natürlich hört er von der Karriere seines einstigen Schul- und Sportkameraden. Ende der sechziger Jahre, als der schon zum Kardinal erhobene Krakauer Erzbischof Wojtyła wieder einmal in Rom weilt, möchte Kluger dort seinen einstigen Jugendfreund wiedersehen. Er meldet sich beim Polnischen Kolleg und bekommt einen Termin. Dann steht er, so heißt es, vor dem Kardinal und murmelt verlegen: „Eure Eminenz ...", woraufhin ihn Wojtyła an den Schultern packt: „Jurek, bist du verrückt, ich bin doch der Lolek!"

Lob vom Fürstbischof

Als im Mai 1938 der damalige Erzbischof von Krakau, Fürst Sapieha, die Pfarrei Wadowice besucht, erweisen ihm dort auch die Gymnasiasten ihre Reverenz. Der Religionslehrer, Pater Zacher, überträgt Karol Wojtyła die Aufgabe, den Oberhirten willkommen zu heißen. Die Begrüßungsrede auf Lateinisch gefällt dem Erzbischof. Er fragt den Pater, welches Fach der junge Mann nach dem bevorstehenden Abitur wohl an der Universität belegen wolle. Zacher: „Er wird polnische Philologie studieren." Darauf Sapieha: „Schade, dass es nicht Theologie ist."

Sahneschnitten vertilgt

Auf dem Markplatz nahe dem Haus in Wadowice, in dem er einst geboren wurde, sitzt (wie der ihn begleitende Journalist Ludwig Ring-Eifel berichtet) „ein alter Mann und erzählt von früher". Viele Menschen haben sich versammelt, um ihm zuzuhören: Denn der Erzähler ist kein Geringerer als Papst Johannes Paul II. Er erinnert an tragische, aber auch an erfreuliche Ereignisse seiner Jugendzeit. Plötzlich fällt ihm die Konditorei ein, wo er nach bestandenem Abitur mit seinen Klassenkameraden so viele Sahneschnitten verschlang, bis ihm der Bauch wehtat. „Wie konnten wir bloß all die ‚kremowki' vertilgen?", fragt er schmunzelnd. Die kalorienhaltigen „kremowki" aus Wadowice wurden seit jenem Junitag anno '99 ein in ganz Polen bekannter Verkaufsschlager.

Heiliger in Ausbildung

Karol wird Student an der Universität Krakau, wo er rasch Freundschaften schließt. Hin und wieder spötteln die anderen Hochschüler über seinen tiefen Ernst und seine Frömmigkeit. Eines Tages, so erinnert sich eine seiner damaligen Kommilitoninnen, heftet man ein Kärtchen an sein Pult, auf dem geschrieben steht: „Karol Wojtyła, Heiliger in Ausbildung".

Flirt mit Ginka?

Ob der Schüler und Student Karol, genau wie seine Kameraden, womöglich Liebesabenteuer hatte – das war später, nach Wojtyłas Wahl zum Papst, ein pikantes Thema für seine Biografen. Manche dichten Karol einen Flirt mit Ginka Beer an, einer schönen, schwarzhaarigen jüdischen Bankierstochter aus Wadowice, die mit ihm auf der Laienspielbühne stand. Jahrzehnte später, als sich die Klassenkameraden des nunmehrigen Pontifex im Vatikan trafen, war auch Ginka Beer präsent. Ihre Mutter war in Auschwitz, ihr Vater in der Sowjetunion ums Leben gekommen. Der Wojtyła-Papst, erzählt sie, „schaute mich nur an, voller Mitgefühl. Er nahm meine beiden Hände, segnete mich und betete fast zwei Minuten lang."

Schuften im Steinbruch

Bald nach Ausbruch des Zweiten Weltkrieges beginnt der Student (um der Deportation zur Zwangsarbeit nach Deutschland zu entgehen), in einem Steinbruch zu arbeiten, der zur Chemiefabrik Solvay gehört. Er muss zunächst schwer schuften, wird dann aber – wie Karol Wojtyła später selbst in einem Buch erzählt – Gehilfe des Sprengmeisters, der Franciszek Labus heißt. Manchmal sagt Labus zu seinem jungen Helfer: „Karol, du solltest Priester werden. Du wirst gut singen, weil du eine schöne Stimme hast, und es wird dir gut gehen."

Passion fürs Theater

Polen, 1940. Abends, nach der Arbeit im Steinbruch, pflegt Karol Wojtyła unter anderem sein Hobby Theaterspiel. Angesichts der deutschen Besatzung seiner Heimat bekommt diese Passion einen markant patriotischen Akzent. Da die Nazis derlei Theaterabende verbieten, treffen sich die Laienspieler heimlich. Eines Abends probt man „Pan Tadeusz", ein Stück von Adam Mickiewicz mit Bezügen zur damaligen Gegenwart, denn es richtet sich gegen die fremde Besatzung (auch wenn der Dichter die Russen meinte). Während Karol rezitiert, hört man von draußen via Lautsprecher, dass die Deutschen wieder einen Sieg der Wehrmacht bekanntgeben. Karol lässt sich nicht einschüchtern, er rezitiert weiter die patriotischen Verse. Als man ihn später fragt, ob er keine Angst gespürt habe, antwortet er: „Der Mut ist nicht jedermanns Sache, aber wir dürfen nie darauf verzichten."

Maria als Nothelferin
Vom Geheim-Seminaristen zum Kardinal

„Priester und Erzieher zu sein im kommunistischen Polen, besonders in der stalinistischen Ära, das bedeutet fast tägliche Konflikte mit dem Regime. Ein Kampf, den Wojtyła – zuerst als Priester, später als Bischof und Kardinal – auf drei Gebieten führt: der Beschäftigung mit der Jugend, dem Kampf um die Erlaubnis zum Bau neuer Kirchen und den jährlichen Fronleichnamsprozessionen, die ihm ein Forum für den Protest gegen die Freiheitsbeschränkung bieten.“

Luigi Accattoli: Johannes Paul II. Die Biografie, Graz 2000

An einem Septembertag 1942 geht Karol Wojtyła zur Beichte in die Krakauer Kathedrale auf der Anhöhe Wawel, dann begibt er sich schnurstracks in die Residenz von Erzbischof Sapieha und bittet um Aufnahme in das Priesterseminar. Also in jenes Seminar, das der von den Nazi-Machthabern schikanierte Oberhirte heimlich im Untergrund organisiert. Die angehenden Kleriker arbeiten tagsüber hier und dort, in ihrer Freizeit studieren sie. So hält es auch Karol Wojtyła, der in der mit einem Steinbruch verbundenen Chemiefabrik Solvay arbeitet. 1944, als die Verfolgung durch die Gestapo zunimmt, flüchtet er ebenso wie die anderen Seminaristen in Sapiehas Residenz, wo man ihn in eine Soutane steckt und als „persönlichen Sekretär des Erzbischofs“ tarnt. Erst nach der Befreiung Krakaus Anfang 1945 kann er seine Priesterausbildung zügig fortsetzen.

Die nächsten Etappen? An Allerheiligen 1946 Priesterweihe in der Kapelle der Krakauer Kurie, kurz darauf feierliche Primiz in Wadowice; weitere Studien an der Dominikaner-Hochschule „Angelicum“ in Rom; Besuch bei katholischen Gemeinden in Frankreich, Belgien, Holland; Dissertation mit dem Thema „Die Glaubensfrage bei Johannes vom Kreuz“. Am Angelicum wird Wojtyła mit der traditionellen Neuscholastik vertraut, aber dort, besonders jedoch im Belgischen Kolleg, wo er wohnt, kommt er auch mit modernen Ideen in Berührung. Etwa mit den Thesen jener französischen Reformtheologen, die später stark das Vatikanische Konzil beeinflussen. Nebenbei lernt der junge polnische Priester Italienisch und Englisch, zugleich verbessert er sein Französisch und sein Deutsch.

Zurück in Polen, sammelt Karol Wojtyła seelsorgerliche Erfahrungen – erst als Kaplan im Dorf Niegowic, dann in der Krakauer Pfarrei St. Florian, wo man ihm u. a. die geistliche Betreuung der Studenten anvertraut. In diesem Milieu baut er einen Bekanntenkreis auf, der ihn sein Leben lang begleitet. 1953, während der kommunistische Druck auf die Kirche wächst, habilitiert er sich mit einer Arbeit über die Phänomenologie des deutschen Denkers Max Scheler. Wojtyła erhält eine Ethik-Dozentur an der Katholischen Universität Lublin und avanciert dort zum Professor.

Da ihn Papst Pius XII. zum Weihbischof von Krakau ernennt, wird Karol Wojtyła – erst 38 Jahre alt – zum jüngsten Bischof Polens. In dieser Eigenschaft nimmt er am Zweiten Vatikanischen Konzil (1962–65) teil, das die Kirche für den Dialog mit der modernen Welt öffnet. Zwar sind seine „Interventionen" dort, meist in perfektem Latein, nicht spektakulär. Dennoch hinterlässt der Pole, inzwischen zum Krakauer Erzbischof aufgerückt, besonders durch seine Mitarbeit am Dokument „Gaudium et spes" (Über die Kirche in der Welt von heute) bei manchen Teilnehmern nachhaltigen Eindruck. So schreibt der französische Dominikaner Yves Congar, der mit ihm bei diesem Text zusammenarbeitet, schon 1965, Karol Wojtyła habe „eine magnetische Ausstrahlung, eine prophetische Kraft, der man unmöglich widerstehen kann“. Insgesamt erweist sich Wojtyła als gemäßigt konservativ. Gleichwohl sieht Paul VI. just in ihm den Mann, der die polnische Kirche im Geist des Konzils langsam erneuern kann. Was in der Tat geschieht.

Ab 1967, zum Kardinal erhoben, schließt Karol Wojtyła durch seine Teilnahme an Synoden und Kirchenkonferenzen sowie durch internationale Reisen wichtige Bekanntschaften im Episkopat. So macht er sich einen Namen in der Weltkirche. Daheim in Polen zeichnet er sich durch seine Volksnähe aus wie auch durch sein Geschick und seine Zähigkeit bei der Auseinandersetzung mit dem „roten“ Regime. 1976 profiliert er sich im Vatikan, weil er auf Einladung des Papstes die Exerzitien zur Fastenzeit hält. Diese Meditationen erscheinen unter dem Titel „Zeichen des Widerspruchs“ in mehreren Sprachen.

Unterdes knüpft der Krakauer Kardinal weiter Beziehungen zu Oberhirten in etlichen Ländern. Er besucht Frankreich, die Tschechoslowakei, die USA – und Deutschland. Im September 1978 ist er zu Gast in

Fulda und Köln. Einen Monat später, beim Oktober-Konklave, sind es amerikanische, französische und vornehmlich deutschsprachige Kardinäle, die Karol Wojtyła bei der Papstwahl favorisieren.

Gebet zur Madonna

Zu den wichtigsten Gründen für Karol Wojtyłas Entscheidung zum Priesterberuf gehört, was er später selbst (in dem Buch „Geschenk und Geheimnis“) etwas salopp den „Draht zu Maria“ nennt. Die Verehrung der Madonna rührt von seiner Familie und der Pfarrei Wadowice her. So erwähnt Wojtyła eine der „Muttergottes von der Immerwährenden Hilfe“ geweihte Seitenkapelle in der Pfarrkirche, wo sich die Gymnasiasten morgens vor Schulbeginn einfanden. „Auch nach Unterrichtsschluss kamen viele Schüler hierher, um zur Seligen Jungfrau zu beten.“

Im Untergrund-Seminar

Da die Wehrmacht einen Teil des erzbischöflichen Palais von Krakau besetzt hat, verfügt der Oberhirte, Fürstbischof Sapieha, nur noch über seine Privaträume. Dort meldet sich im Herbst 1942 der Werkstudent Karol Wojtyła und sagt schlicht: „Ich möchte Priester werden.“ Wegen der brutalen Unterdrückung der Kirche durch die Nazis und der Verschleppung unzähliger Priester in die Konzentrationslager ist dies ein Beweis außerordentlichen Mutes. Sapieha nimmt Wojtyła, der – um keinen Verdacht zu wecken – weiter in der mit einem Steinbruch verbundenen Chemiefabrik arbeitet, in sein Untergrund-Seminar auf.

Reiseproviant: Schmalzbrote

Dass der Seminarist Karol Wojtyła hochbegabt ist, wird Erzbischof Sapieha schnell klar. Mit Sympathie verfolgt er Karols Fortschritte. Als im Sommer 1944 der Nazi-Terror in Polen zunimmt und Verhaftungen drohen, bringt der Oberhirte die Seminaristen in seinem Palais in Sicherheit. Die Ausbildung geht voran. Mitte 1946, der Krieg ist vorbei, teilt Sapieha dem jungen Wojtyła mit, er solle in Rom weiterstudieren. „Aber da musst du schon Priester sein, deshalb werde ich dich vorzeitig weihen." An Allerheiligen 1946 wird Karol Wojtyła in der Privatkapelle des Erzbischofs zum Priester geweiht. Tags darauf dann die feierliche Primiz in Wadowice. Ende November tritt der junge Kleriker die lange Reise nach Rom an. Mit einem Koffer und spärlichem Proviant: zwei Schmalzbroten.

Krebsrote Talare

In der Hauptstadt der Christenheit wohnt der Student im Belgischen Kolleg, von wo aus er täglich zu den Vorlesungen in die Dominikaner-Hochschule „Angelicum" geht. Unterwegs macht er oft Station in der Barockkirche S. Andrea al Quirinale, in der sich die Reliquien des polnischen Jesuiten St. Stanislaw Kostka befinden. Zu den Besuchern an Kostkas Grab, erinnert sich Karol Wojtyła später, „gehörten viele Seminaristen des Germanikums, die man an ihren typischen roten Talaren leicht erkannte". Die krebsroten Gewänder waren damals ein „Markenzeichen" der meist aus Deutschland und Österreich stammenden Seminaristen des Germanikums.

Padre Pios Einfluss

Von Rom aus reist der Doktorand 1947 auch einmal nach San Giovanni Rotondo, um den stigmatisierten Wundermönch Padre Pio zu erleben. Dieser Mystiker nimmt ihm die Beichte ab und hat fortan, so heißt es im Seligsprechungsverfahren für Johannes Paul II., einen starken Einfluss auf die spirituelle Bildung Karol Wojtyłas. Es entwickelt sich eine enge Beziehung: Als Bischof von Krakau bittet Wojtyła den Wundermönch mehrfach um Gebete für schwerkranke Gläubige aus seiner Diözese. 2002 dann spricht der Wojtyła-Papst bei einem Gottesdienst auf dem überfüllten Petersplatz den in ganz Italien verehrten Kapuziner heilig. Padre Pio, betont er, war fähig, „die Barmherzigkeit Gottes weiterzugeben, besonders durch die Erteilung des Bußsakraments“.

Kaplan in Niegowic

Diözese Krakau, 1948. Zurück aus Rom, erhält der Priester seine erste Anstellung – er wird als Kaplan in das abgelegene Dorf Niegowic geschickt. Wojtyła schreibt, dass er zunächst mit dem Autobus nach Gdow fuhr, dann nahm ihn ein Bauer auf seinem Karren mit, und das letzte Stück Weges machte er zu Fuß. „Es war Erntezeit. Ich wanderte zwischen Getreidefeldern. Als ich endlich das Pfarrgebiet von Niegowic erreichte, kniete ich nieder und küsste die Erde.“ In der Kirche verweilte er vor dem Allerheiligsten und stellte sich dann dem Pfarrer vor.

Apostolat der Ausflüge

Ein Jahr Kaplan in Niegowic, dann wird der junge Priester in die Krakauer Pfarrei Sankt Florian versetzt. Dort überträgt man ihm unter anderem die Hochschulseelsorge. Und Karol Wojtyła sammelt eine Gruppe von Studenten um sich, deren spiritueller Leiter er wird. Er animiert sie zur Teilnahme an der Eucharistiefeier; er unterweist sie in Theologie und Philosophie – aber er organisiert auch gemeinsame Fahrten ins Gebirge und in Zeltlager. Ein „Apostolat der Ausflüge". Um dem kommunistischen Geheimdienst nicht aufzufallen, kleidet sich Wojtyła zivil. Die Jugendlichen nennen ihn „Wujek", Onkel.

Vertrauter der Verliebten

Der junge Priester empfindet große Genugtuung über diesen besonderen seelsorgerlichen Dienst im Umkreis der Jagellonen-Universität. Jahrzehnte später, bei einer Messe für „studenti" im Petersdom, blickt er auf jene Zeit in Krakau zurück. Damals vertrauten ihm oft verliebte Studenten ihre Herzensgeheimnisse an. „So wurde ich nicht nur Zeuge dieser wichtigen persönlichen Angelegenheiten, sondern mehr. Nämlich derjenige, mit dem die Studenten gern über ihre ‚Berufung' zur Heirat und zum Familienleben sprachen."

Professor mit Fliegermütze

Vom Krakauer Erzbischof Eugeniusz Baziak ermutigt, widmet sich Karol Wojtyła ab 1951 auch der wissenschaftlichen Arbeit. Habilitation mit einer Arbeit über den deutschen Philosophen Max Scheler, Ethik-Dozent an verschiedenen Seminaren und der Universität Lublin sind die nächsten Etappen seiner Laufbahn. Er ist ein ungewöhnlicher Hochschullehrer. Pfarrer Romuald Waldera, der einst bei ihm studierte, erzählt: Er erschien in einem Aufzug zum Unterricht, der sich von dem eines typischen polnischen Professors stark unterschied. „Statt eines respektablen Hutes trug er eine Fliegermütze auf dem Kopf. Und über seiner Soutane trug er einen dunkelgrünen Mantel ...“

Professor im Paddelboot

Auch als Ethik-Professor macht Dr. Karol Wojtyła oft Ausflüge mit Studenten und Freunden. In den Sommerferien paddelt er gern mit dieser Gruppe auf den Masurischen Seen. So auch im Juli 1958, als er die Nachricht erhält, Papst Pius XII. habe ihn zum Weihbischof von Krakau ernannt, weshalb ihn der polnische Primas, Kardinal Wyszynski, umgehend sprechen wolle. Als ihm der Primas offiziell die Ernennung mitteilt, wendet er ein:

„Eminenz, ich bin doch mit 38 Jahren zu jung." Doch Wyszynski antwortet mit feiner Ironie: „Diese Schwäche werden Sie bald überwinden. Bitte stemmen Sie sich nicht gegen den Willen des Heiligen Vaters!"

Prophezeiung in Krakau

Karol Wojtyła fährt also nach Krakau, um seinem neuen Dienstherrn, Erzbischof Baziak, seine Aufwartung als frischgebackener Weihbischof zu machen. Der Oberhirte nimmt Wojtyła freundlich am Arm und führt ihn in das Wartezimmer, wo einige Priester sitzen. Dann sagt er mit lauter Stimme: „Habemus papam!" Ein Scherz, aber auch eine Prophezeiung, die gut 20 Jahre später in Erfüllung geht.

Brief an die Deutschen

Als einer der jüngsten Oberhirten nimmt Wojtyła am bahnbrechenden Zweiten Vatikanischen Konzil teil. 1965 – er ist nach Baziaks Tod inzwischen zum Erzbischof von Krakau aufgerückt – verfasst er gemeinsam mit polnischen Amtsbrüdern einen Brief an die deutschen katholischen Bischöfe, der auf die jeweilige Schuld von Deutschen und Polen seit Weltkriegsbeginn eingeht. Ein kühnes Unterfangen, denn die Wunden sind auf beiden Seiten noch frisch. Das Dokument endet mit den bewegenden Worten: „In diesem allerchristlichsten und zugleich sehr menschlichen Geist strecken wir unsere Hände zu Ihnen hin ... Wir gewähren Vergebung und bitten um Vergebung."

Kardinal auf Skiern

Auch nach seiner Erhebung zum Kardinal gibt Karol Wojtyła seinen Lieblingssport Skifahren keineswegs auf. Ein ausländischer Journalist wundert sich ihm gegenüber, dass so etwas eigentlich nicht zur „Würde einer Eminenz" passe. Als Antwort witzelt der Krakauer Oberhirte: „Ach, hierzulande ist das ganz normal. Schließlich fährt die Hälfte der polnischen Kardinäle Ski." Was durchaus stimmt: Außer ihm selbst gibt es nämlich nur noch einen weiteren polnischen Purpurträger, den betagten Primas Wyszynski, der mit Sport absolut nichts im Sinn hat.

Kommunistisches Fehlurteil

Die regierenden Kommunisten in Polen sind in der Beurteilung des Krakauer Metropoliten und Kardinals sehr unsicher. In einem Dokument der Geheimpolizei von 1967 liest man: Wojtyła sei zweifellos einer der wenigen Intellektuellen im polnischen Episkopat. „Er hat bisher keine gegen den Staat gerichteten Aktivitäten entfaltet. Es hat den Anschein, als ob Politik nicht seine starke Seite ist! Er ist zu sehr im abstrakten Denken verfangen ... Ihm fehlen Organisationstalent und Führungsqualitäten.“ Ein krasses Fehlurteil.

Fels und Eisbrecher

Oft ziehen die Warschauer Machthaber Vergleiche zwischen dem Primas und dem Krakauer Kardinal. Wie General Jaruzelski, in den 1980er Jahren Polens „starker Mann“, später erzählt, habe man Wyszynski den „Felsen“, Wojtyła hingegen den „Eisbrecher“ genannt – und zwar, im positiven Sinn, „als einen Mann, der die Vorurteile von beiden Seiten durchbrechen und überwinden kann“. Aber auch die Meinung, Wojtyła sei gegenüber dem Regime kompromissbereit, erweist sich als falsch.

Stadt ohne Gott?

Vor den Toren Krakaus hat das Regime ein kommunistisches Musterprojekt verwirklicht: die Siedlung Nowa Huta rund um das Stahlwerk „Leninhütte“. Laut den atheistischen Planern eine „Stadt ohne Gott“. Im erbitterten Kampf mit den Behörden um den Bau einer Kirche spielt Krakaus Oberhirte Wojtyła eine wichtige Rolle. „Wann immer wir nicht mehr weiterwussten“, berichtet Pfarrer Gorzelay, „gingen wir zu ihm. Und ihm fiel stets ein Ausweg ein.“ 1977 kann die Kirche „Maria, der Königin von Polen“ geweiht werden. Zehntausende von Gläubigen sind trotz strömenden Regens präsent, als Kardinal Wojtyła die Weihe vornimmt und ihnen zuruft: „Ihr habt nicht zugelassen, dass Gott hier stirbt, sondern habt dem lebendigen Gott diese Kirche gebaut!“

Wanzen vom Regime

Das rote Regime in Polen schikaniert die einfachen Gläubigen und erst recht die kirchliche Hierarchie. Da Wojtyła dagegen immer häufiger protestiert, wird er für die Machthaber zu einer „schwarzen Bestie“. Man spioniert ihn aus. Auch durch Abhörgeräte in der erzbischöflichen Residenz in Krakau, einschließlich aller Zimmer des Kardinals. Sein langjähriger Sekretär (inzwischen

Kardinal) Stanislaw Dziwicz erinnert sich: „Eines Tages kamen zwei Arbeiter, ohne dass jemand sie bestellt hätte, und sagten, es sei ein Schaden am Telefon. So nutzten sie die Gelegenheit, ihre ‚Wanzen' einzubauen." Kardinal Wojtyła amüsierte sich darüber. Er sprach extra laut, damit die Spitzel gut mithören konnten, wenn sie auf seinen Wunsch etwas wissen sollten. Doch für heikle Gespräche verließ er die Residenz. Dann ging er mit seinen Gästen in einen nahen Wald. Kamen ausländische Bischöfe zu Besuch, fuhr er mit ihnen sogar in die Berge.

Grenze übersehen

Beim Skilauf in den Karpaten „übersieht" Kardinal Wojtyła eines Tages die in den verschneiten Bergen nicht markierte Landesgrenze nach Süden und fährt in die Tschechoslowakei hinüber. Die Folge: Polizisten stoppen ihn, glauben aber seinem Personaldokument nicht und bringen ihn aufs Kommissariat. Dort stellt sich nach einigen Telefonaten heraus, dass der „illegal" ins Land gekommene Fremdling tatsächlich Kardinal-Erzbischof von Krakau ist. Der Polizeikommissar entschuldigt sich und fügt hinzu, bei einem Skifahrer an der Grenze hätte ja niemand gedacht, dass es sich um einen Kardinal handelt. „Nächstes Mal pass ich besser auf. Tut mir leid für die Störung. Auf Wiedersehen", antwortet Wojtyła freundlich. Und kehrt nach Polen zurück.

Sensation in der Sixtina
Wojtyłas Wahl zum Papst

„In der Predigt beim Gottesdienst zur Amtseinführung 1978 rief Johannes Paul die unvergesslichen Worte: ‚Habt keine Angst! Öffnet die Tore, reißt sie weit auf für Christus!' In dieser Rede brachte der Heilige Vater sein Programm zum Ausdruck. Ich denke deshalb, dass diese Worte – ‚Habt keine Angst!' und ‚Öffnet!' – das Leitmotiv seines Lebens und die Grundlinien seines Pontifikats waren. Damit wollte er Mut vermitteln, besonders jenen Nationen, die geknechtet waren und denen er die Freiheit ankündigte."

Stanislaw Dziwisz: Mein Leben mit dem Papst. Johannes Paul II. wie er wirklich war. Leipzig, 2009

Ende August 1978, rund drei Wochen nach dem Tod Pauls VI., versammeln sich die Kardinäle – darunter Karol Wojtyła – zur Papstwahl in der Sixtinischen Kapelle, abgekürzt: in der „Sixitina“. Schon damals, sickert in Rom durch, erhält der Krakauer Oberhirte „eine Handvoll“ Stimmen, wahrscheinlich von deutschsprachigen Purpurträgern. Gewählt wird jedoch der 65-jährige, freundlich lächelnde Patriarch von Venedig, Albino Luciani, der sich Johannes Paul I. nennt. Nur ganz wenige Kardinäle wissen von seinen schweren Herz-Kreislauf-Problemen. 33 Tage nach der Wahl bricht Luciani unter der Last seines schweren Amtes zusammen und stirbt an Herzversagen. Sein Tod kommt so unerwartet, dass sogleich Gerüchte über einen „Giftmord“ auftauchen. Sie haben zwar mit der Wahrheit nichts zu tun, aber sie erzeugen nervöse Spannung in der Kirche.

In diesem Klima treffen sich die Kardinäle im Oktober erneut zur Papstwahl im Vatikan. Abermals sind 111 Purpurträger wahlberechtigt (weil sie noch „unter 80“ sind). Darunter befinden sich 27 Italiener und 56 Nichteuropäer. Zunächst deutet alles darauf hin, dass man sich wieder – der Tradition gemäß – auf einen Italiener einigen würde. So kommt es zu einem Duell zwischen dem erzkonservativen Genueser Oberhirten Giuseppe Siri und dem gemäßigt fortschrittlichen Florentiner Erzbischof Giovanni Benelli. In den ersten vier Abstimmungen erhält jedoch keiner von beiden die erforderliche Zweidrittelmehrheit. Schwarzer Rauch aus dem Schornstein der „Sixtina“ zeigt der neugierig wartenden Menge auf dem Petersplatz die Ergebnislosigkeit des Votums. Was also tun? Kommt womöglich ein Nichtitaliener in Frage? Ja, sagt (dem Vernehmen nach) der Wiener Erzbischof Kardinal Franz König – und wirbt diskret bei Amtsbrüdern aus verschiedenen Ländern für Karol Wojtyła.

Natürlich wird dabei auch erörtert, welche Eigenschaften das neue Katholikenoberhaupt haben soll. Die Kirche, betont der Kreis um Kardinal König, braucht einen Seelsorger-Papst, einen volksnahen Hirten mit Führungsqualitäten, der jünger und vor allem gesünder ist, als es Albino Luciani bei seiner Wahl war. Alles Argumente zugunsten des erst 58-jährigen, robusten Polen, den außer den deutschsprachigen auch viele französischsprachige und amerikanische Kardinäle sehr schätzen. Schließlich entscheiden sich auch die meisten italienischen Konklaveteilnehmer für ihn.

Bei der achten Abstimmung, am Nachmittag des 16. Oktober, wird Karol Wojtyła gewählt, angeblich mit 99 von 111 Stimmen. Auf die Frage, ob er die Wahl annehme, antwortet er: „Im Glaubensgehorsam gegenüber Christus, meinem Herrn, im Vertrauen auf die Mutter Christi und seiner Kirche sowie im Bewusstsein der großen Schwierigkeiten nehme ich an.“ In Verehrung seiner Vorgänger gibt sich Wojtyła den Namen Johannes Paul II.

Der erste nichtitalienische Papst seit 455 Jahren, der erste Slawe auf dem Stuhl Petri, der erste Pontifex aus einem kommunistisch regierten Staat: Karol Wojtyłas Wahl in der „Sixtina“ ist eine Sensation sondergleichen. Wohl nur wenige Konklaveteilnehmer ahnen, welche weltpolitischen Folgen die Wahl eines Papstes aus dem Ostblock haben könnte. Polens Primas Wyszynski sagt zu seinem jüngeren Amtsbruder und Landsmann: „Du wirst die Kirche ins dritte Jahrtausend führen“ – prophetische Worte!

Polnischer „papabile“

Piazza Remuria, im römischen Stadtviertel San Saba: Dort, im polnischen Kolleg, wohnt Karol Wojtyła vor dem Konklave im Oktober 1978. Das amerikanische Magazin „Time“, das den Krakauer Kardinal als einen „papabile“ einstuft, fragt an: Ob man, für alle Fälle, wohl ein paar schöne Farbfotos von ihm machen könne? Wojtyła winkt freundlich ab: „Keine Aufregung. Ich werde bestimmt nicht Papst.“ Enttäuscht muss „Time“ den Versuch aufgeben.

Nicht bekannt genug

Der Wiener Kardinal Franz König ist es, der schon bei den Begegnungen der Purpurträger vor Konklavebeginn das Terrain für „seinen“ Favoriten Wojtyła sondiert. Natürlich spricht er auch mit dem polnischen Primas Wyzynski und deutet vorsichtig an, vielleicht habe ja Polen einen Papstkandidaten. Der Primas bezieht dies auf sich selbst und lehnt ab: „Wenn ich nach Rom ginge, wäre dies ein Triumph für die Kommunisten.“ Es gebe, sagt König diplomatisch, „da noch einen anderen Mann.“ Wyszynski: „Nein, das kommt nicht in Frage. Er ist nicht bekannt genug.“ Dennoch hält der Wiener Oberhirte an seiner Idee fest, weiter für Wojtyła zu werben.

Zelle mit Feldbett

Am 13. Oktober versammeln sich die wahlberechtigten, also noch nicht 80-jährigen Kardinäle, weil ihnen nun per Los jenes provisorisch eingerichtete, zellenartige Zimmerchen nahe der Sixtinischen Kapelle zugeteilt wird, das sie während des Konklaves bewohnen werden. Karol Wojtyła bekommt die Zelle 91: Feldbett, Nachtschränkchen, Mini-Schreibtisch, aber kein Waschbecken.

Schwankender Favorit

Hochspannung in der „Sixtina“, dem durch Michelangelos Fresken weltberühmten Schauplatz des Konklaves. Im sechsten Wahlgang steigt die Stimmenzahl für Kardinal Wojtyła kräftig an. Folglich wirkt der Krakauer Oberhirte so irritiert, dass manche seiner Befürworter fürchten, er würde eine jetzt schon wahrscheinliche Wahl zum Papst ablehnen. Kurz darauf sieht man Wojtyła in der Zelle von Wyszynski – er schluchzt. „Wenn Sie gewählt werden, müssen Sie akzeptieren. Für Polen“, sagt der Primas zu dem nunmehrigen Favoriten.

Weißer Rauch

Der achte Wahlgang bringt am 16. Oktober den Durchbruch. Kardinal König, der in der „Sixtina" direkt vor dem Krakauer Oberhirten sitzt, erzählt später: „Als die Hälfte der nötigen Stimmenzahl erreicht war, legte Wojtyła seinen Bleistift weg. Er war rot im Gesicht und vergrub seinen Kopf in den Händen. Ich hatte den Eindruck, dass er völlig verwirrt war." Bald darauf ergab sich die erforderliche Mehrheit. Kurz nach 18 Uhr wird Karol Wojtyłas Wahl im Konklave bekanntgegeben. Die auf dem Petersplatz neugierig wartenden Menschen erfahren die erfolgte Papstwahl auf traditionelle Weise: durch weißen Rauch aus dem Schornstein der Sixtinischen Kapelle.

Bottiglia ist Wojtyła

Unter den wenigen Konklave-Kardinälen, die den Krakauer Oberhirten überhaupt nicht kennen (und schon deshalb für andere Kandidaten stimmen), ist offenbar Mario Casariego aus Guatemala. Um ihn und Karol Wojtyła rankt sich eine kuriose Geschichte. Sechs Wochen nach dem Konklave nämlich erzählt Casariego dem italienischen Premier Giulio Andreotti: Er habe kurz nach dem achten Wahlgang, in dem Wojtyła die nötige

Mehrheit erreicht, bei dem herrschenden Geflüster den Namen „Bottiglia“ gehört und mehr über diesen Mann erfahren wollen („bottiglia“ heißt auf deutsch Flasche). Wojtyła hört das Getuschel. Wenig später, als Casariego den Gewählten ehrfürchtig begrüßt, sagt der neue Papst freundlich zu ihm: „Jetzt wissen Sie also, wer Bottiglia ist.“

Habemus papam

Gespannt warten am frühen Abend jenes 16. Oktober unzählige Italiener auf dem Petersplatz, um das Ergebnis der Papstwahl zu erfahren. Endlich erscheint Kardinal Felici auf der Loggia des Doms und verkündet mit gesetzten Worten die frohe Botschaft: „Habemus papam, den hochwürdigsten Kardinal Carolus ...“ Ein Raunen geht durch die Menge. Carolus – wer? Felici spricht weiter: „Wojtyła.“ Und er spricht den Namen korrekt polnisch aus: Woitiua. Das klingt so exotisch, dass sich viele Gläubige auf der Piazza überrascht fragen: „Ein Afrikaner?“ Jedenfalls, es ist kein Italiener. Dann verbreitet sich wie ein Lauffeuer die sensationelle Nachricht: „È un polacco“ (Es ist ein Pole).

Nein, Eure Heiligkeit ...

Unterdes wird der Neugewählte, der sich Johannes Paul II. nennt, nahe der „Sixtina“ in das typische weiße Papstgewand gekleidet, und Zeremonienmeister Bischof Virgilio Noè gibt ihm (wie Gian Franco Svidercoschi in einem neuen Buch berichtet) genaue Anweisungen für seinen ersten Auftritt auf der Loggia des Doms. „Jetzt, Eure Heiligkeit, zeigen Sie sich, erteilen den Segen und ziehen sich sogleich zurück.“ Wojtyła, der durchs Fenster die große Menschenmenge auf der Piazza sieht, wendet ein: „Vor all diesen Leuten? Ich muss sie doch grüßen. Wenigstens ein paar Worte.“ Doch der Zeremonienmeister bleibt stur: „Nein, Eure Heiligkeit ... Nur der Segen.“ Nach diesem Wortgefecht gelangt Johannes Paul II. schließlich auf die Loggia – und schlägt alle Vorschriften des Protokolls in den Wind. Mit dem uralten christlichen Gruß „Gelobt sei Jesus Christus“ beginnt er seine erste denkwürdige Papstansprache.

Echo in Polen

Am Abend des 16. Oktober beginnt die Tagesschau des polnischen Staatsfernsehens mit Verspätung. Denn die regierenden Kommunisten sind über das Ergebnis des Konklaves höchst irritiert. Schließlich erscheint der

Sprecher auf dem Bildschirm und teilt mit verbissener Miene und dürren Worten Wojtyłas Wahl zum Papst mit. Die Bürger können es noch kaum glauben. Manche laufen zu ihren Nachbarn: „Habt ihr es gehört?“ Andere umarmen sich, während die Kirchenglocken läuten, vor Freude auf der Straße; wieder andere feiern in den Pfarreien. Und in den folgenden Jahren, so resultiert aus den im Seligsprechungsprozess gesammelten Zeugenaussagen, wurde der Vatikan für viele Polen nicht nur ein Bezugspunkt, sondern „ideell ihre zweite Wohnung“.

Bad in der Menge

Papst Wojtyła und die Gläubigen

„Dem polnischen Papst ist es in erstaunlich kurzer Zeit gelungen, alle italienischen Ressentiments zu beseitigen. Ja, im Unterbewusstsein des bedrängten Volkes steht er wie ein von Gott gesandter Retter da, als ein Mann, der Zuversicht und Hoffnung ausstrahlt. Sein strahlender Optimismus, dieser feste Glaube und die Sicherheit, die von ihm ausgehen, begeistern die Italiener binnen weniger Tage und Wochen.“

Ernst Trost: Der Papst aus einem fernen Land, Wien 1979

Was schon den Krakauer Erzbischof Wojtyła kennzeichnete – seine Volksnähe, sein direkter Kontakt zu den Gläubigen –, charakterisiert nun erst recht den Papst Wojtyła. Bereits in den ersten Wochen seines Pontifikates durchbricht er das steife Protokoll der Kurie, verzichtet er auf verkrustete Traditionen, ohne deshalb an Würde einzubüßen. Er verlässt den Vatikan nach eigenem Gutdünken zu Ausflügen und lädt spontan alte Freunde zu Tisch. Einer seiner ersten Gäste im Apostolischen Palast ist ein Jude: sein Schulkamerad Jerzy Kluger. Die Hüter des kurialen Zeremoniells bringt der polnische Pontifex mit solchen „Extratouren" an den Rand der Verzweiflung. Er schüttelt Hände, streichelt Kinder und Kranke. Einen „Papst zum Anfassen" hat man ihn deshalb genannt.

Ob in seiner Diözese Rom, andernorts in Italien oder bei seinen vielen internationalen Pastoralreisen: Johannes Paul II. hat nichts Hoheitsvolles, er hält nicht auf Distanz, sondern sucht enge Verbindung zu den Gläubigen, ja er liebt das „Bad in der Menge". All dies bewirkt, dass er den Katholiken und der ganzen Welt ein ganz neues Papstbild vermittelt. Ein Bild mit positiven Konturen.

Gleich in seiner Ansprache nach der Wahl 1978 bekommen die auf dem Petersplatz versammelten Italiener diesen neuen Stil zu spüren. Nun hätten, sagt da der

Pole, die Kardinäle also einen neuen Bischof von Rom berufen – „sie beriefen ihn aus einem fernen Land ...“ Er wisse nicht, fährt Johannes Paul fort, ob er sich auf Italienisch gut verständlich machen könne. „Wenn ich Fehler mache, werdet ihr mich korrigieren.“ Ein Papst, der die Gläubigen bittet, ihn sprachlich zu korrigieren – das gab's noch nie! Die Menge applaudiert. Der Brückenschlag des „ausländischen“ Papstes zu den Italienern ist gelungen. Im Lauf der Jahre wird Johannes Paul II. immer beliebter. Bei seinem 80. Geburtstag rühmt man ihn zwischen Alpen und Sizilien sogar als den „neuen civil leader Italiens“. Denn je kleinkarierter die politische Führungsschicht ist, umso mehr Glanz fällt auf diesen charismatischen „leader“ von Weltformat.

Doch Wojtyłas Popularität in Italien und anderen überwiegend katholischen Ländern besagt nicht, dass die Menschen dort brav seinen Lehren (etwa in der Sexualmoral und beim Thema Abtreibung) folgen. Die Bewunderung namentlich in den „lateinischen“ Ländern und in seiner polnischen Heimat gilt seiner Person, weniger der Institution Kirche. Vergleichsweise kühl wird Johannes Paul II. bei seinen Pastoralreisen in Deutschland und Österreich empfangen – aber „Germania“, das Land Martin Luthers, ist ein Sonderfall.

Zur Beliebtheit dieses Papstes tragen nicht zuletzt die Medien bei. Mit ihnen, deren Regeln er akzeptiert, schließt Johannes Paul (wie sein Biograf Luigi Accattoli unterstreicht) ein „kreatives Bündnis". Wojtyła, meint Accatoli sogar, sei mehr ein Papst der Gesten und der medialen Präsenz als einer der großen Reden, er ist „mehr ein Mann des improvisierten Wortes als einer der Dokumente". Sehr schnell wird er zum Medienstar, wobei ihm sein Kommunikationstalent und seine Theater-Erfahrung zu Hilfe kommen. Besonders vom Fernsehen macht Johannes Paul effizienten Gebrauch. Der Anbruch des Medienzeitalters, davon ist er überzeugt, erweitert die Möglichkeit der Christen zur Erfüllung ihres missionarischen Auftrags ganz wesentlich.

Alle Papstbiografen heben hervor: Johannes Paul II. verändert das gängige Papstbild, indem er es vermenschlicht. Er geht zum Skifahren, macht Sommerurlaub in den Bergen, lässt sich in einem öffentlichen (obschon kirchlich kontrolliertem) Krankenhaus behandeln, spricht oft aus dem Stegreif – und scherzt selbst über seine Gebrechen. Dass er sogar nach dem Mordanschlag von 1981 weiterhin den riskanten, direkten Kontakt zu den Gläubigen sucht, trägt ihm zusätzliche Sympathien ein. In diesen Zusammenhang gehört auch sein gutes Verhältnis zur Jugend. Er ist es, der die Weltjugendtage erfindet und bei diesen Treffen, von 1985 bis 2002, unzählige „Papaboys" und „Papagirls" begeistert.

Sünde bekannt

In seiner Eigenschaft als Bischof von Rom bemüht sich Johannes Paul II. sogleich um engen Kontakt zu den Gläubigen seiner Diözese. Deshalb beginnt er am 1. Adventssonntag '78 mit den Pfarrvisiten. Das Ziel: San Francesco Saverio in der Garbatella, einem von Armut und Kleinkriminalität gekennzeichneten Stadtviertel, das die sogenannten „besseren Kreise" Roms eher meiden. Hoch aufgerichtet, mit leuchtendem rotem Umhang über dem weißen Talar, spricht Johannes Paul lächelnd zu der vieltausendköpfigen Gemeinde: „Ich habe gesündigt, weil ich euch lange warten ließ. Ihr müsst mir dafür die Absolution erteilen, weil der Papst ja nicht in Sünde leben darf." Daraufhin donnernder Applaus der Gläubigen: Auch seine Selbstironie macht diesen Pontifex sympathisch.

Der Medienpapst

Sein souveräner Umgang mit den Kommunikationsmitteln trägt Johannes Paul II. bald den Titel „Medienpapst" ein. Schon Ende Oktober 1978 empfängt er die beim Heiligen Stuhl akkreditierten Journalisten und macht aus der Audienz eine lockere Pressekonferenz. Ganz gegen das Protokoll erhebt er sich von seinem päpstlichen

Thron, geht zu den Medienleuten, gibt kurze Interviews in mehreren Sprachen. Wie er sich denn so fühle, als Neuling im Apostolischen Palast? Darauf der Papst: Nun seien fünf Tage vergangen, „und wenn es so weitergeht wie bisher, dann kann ich es wohl aushalten." Ob er weitere Pressekonferenzen dieser Art geben werde? Wojtyłas scherzhafte Antwort: „Erst werden wir mal sehen, wie Sie mich behandeln."

„Geschiedener" Pontifex

Am 14. November ist das Kirchenfest des hl. Bischofs Carlo Borromeo – und Namenstag von Karol Wojtyła. Zahlreiche katholische Jugendverbände sind in den Vatikan gekommen, um dem Wojtyła-Papst Glück zu wünschen. Da sie im Damasushof, also inmitten der sogenannten „Heiligen Paläste", auch singen und tanzen, ruft Johannes Paul, halb ernst, halb scherzhaft: „Was ist bloß aus dem Vatikan geworden! Da werden die alten Kardinäle sagen, dass man einen zu jungen Papst gewählt hat." Dann witzelt er über seinen Wechsel aus Polen: „Viele Jahre war ich mit der Kirche von Krakau verheiratet, dann ließ ich mich scheiden und heiratete die Kirche von Rom."

Stachanow im Vatikan

Vom ersten Tag an arbeitet der Wojtyła-Papst sieben Tage pro Woche mindestens elf Stunden lang. Der Heilige Vater sei ein wahrer Stachanow, wundern sich Vatikanprälaten unter Bezug auf den legendären sowjetischen „Helden der Arbeit". Selten schaltet der Pontifex das Licht in seinem Schlafzimmer vor 23 Uhr aus. Und seine Sommerferien dauern nie länger als neun Tage. Deshalb wird er einmal gefragt: „Eure Heiligheit, wann ruhen Sie denn mal aus?" Johannes Pauls Antwort: „Um auszuruhen, werde ich eine Ewigkeit Zeit haben."

Schnelle Gangart

Die ans steife Protokoll gewöhnten vatikanischen Würdenträger sind über den neuen, sportlichen, unkonventionellen Papst ziemlich irritiert. Zum Beispiel, weil er beim Treppensteigen seine weiße Soutane zusammenrafft und stets zwei, drei Stufen auf einmal nimmt. Als ihn ein beleibter Kurienkardinal fragt, ob diese Gangart nicht der päpstlichen Würde widerspreche, antwortet Johannes Paul lächelnd: *„Ich* habe Bewegung nötig und, ich glaube, *Sie* auch."

Hallo, hier spricht der Papst

Karol Wojtyłas schwer erkrankter polnischer Freund Bischof Deskur wird aus Rom nach Zürich transportiert und dort in eine Klinik eingeliefert. Johannes Paul II. ist tief besorgt. Deshalb entschließt er sich, vom Vatikan aus in der Schweiz anzurufen, um sich nach Deskurs Befinden zu erkundigen. Die Telefonistin im Züricher Landeskrankenhaus glaubt, nicht recht gehört zu haben, als sich Wojtyła meldet: „Hallo, ich bin der Papst.“ Sie ist einen Moment lang perplex, sagt aber dann freundlich-ironisch: „Und ich bin die Kaiserin von China!“

Chef im Beichtstuhl

Pilger aus den verschiedensten Ländern legen im Petersdom die Beichte ab – so auch am Karfreitag 1979. Einige verlassen St. Peter anschließend verwirrt über das, was sie soeben erlebt haben: Sie seien sicher, im Beichtstuhl habe der Papst gesessen! Sie hätten ihn natürlich nicht sehen können, aber „es war ganz gewiss seine Stimme“; außerdem habe er alle Sprachen verstanden und gesprochen. Als sich diese Ohrenzeugen-Berichte mehren, beschließt ein Schweizergardist, sich in die Warteschlange vor dem Beichtstuhl mit dem Schild „Beichten in acht Sprachen“ einzureihen. Gesagt, getan. Nachdem der Gardist seine Sünden bekannt hat, seufzt er: „Es ist wirklich der Chef. Mit welchen Abenteuern wird der uns noch überraschen!“ Inzwischen weiß man: Tatsächlich nahm der Pontifex inkognito die Beichte ab.

Lob fürs Priestertum

Auch als Papst versteht sich Karol Wojtyła vor allem als Priester. Das betont er selbst, und das belegen Zeugenaussagen. Beispiel? Ein Monsignore des Vatikans entdeckt, dass es sich bei einem Obdachlosen, der sich stets nahe dem Petersplatz aufhält, um einen Ex-Priester handelt. Er schleust diesen Mann in eine Papst-Audienz ein; Johannes Paul spricht in einen Nebenraum persönlich mit dem Stadtstreicher. Schließlich verlässt dieser weinend den Vatikan und berichtet: Der Papst habe ihm die Beichte abgenommen und dann zu ihm gesagt: „Siehst du nun, wie bedeutend das Priestertum ist? Verschandle es nicht!“

„Bin schon katholisch ...“

Generalaudienz im Vatikan. Johannes Paul II. reicht auch einer Amerikanerin die Hand, die gleich darauf überglücklich erzählt: Sie sei früher Protestantin gewesen, dann aber zum Katholizismus konvertiert, denn die katholische Kirche sei „viel besser“ und so weiter. Der Papst hört geduldig zu, doch als die Dame kein Ende finden will, meint er: „Gnädige Frau, mich müssen Sie nicht überzeugen, ich bin ja schon katholisch!“

Sehr spartanisch

Wie lebt Johannes Paul II. im Apostolischen Palast? Seine Privatwohnung besteht praktisch aus dem Schlafzimmer und einem durch eine spanische Wand abgetrennten Arbeitszimmer mit einem kleinem Schreibtisch und Sessel. „Alles ziemlich einfach, sehr spartanisch“, berichtet sein aus Polen mitgebrachter Sekretär Stanislaw Dziwisz (in: „Mein Leben mit dem Papst“). Doch Karol Wojtyła legt eben auf Bequemlichkeit keinen Wert. Auch im Vatikan lebt er, wie in Krakau, recht bescheiden. Ja, er praktiziert – so Dziwisz – die Armut in heroischer Weise, ohne jede Mühe. Er besitzt nichts. „Nun, als Papst war er ‚reich‘, persönlich aber hat er nie Geld gehabt.“

Für Polens Rettung

Vatikan/Polen, Dezember 1981. Die Ausrufung des Kriegsrechts in seiner Heimat und die brutale Unterdrückung der Freiheit durch General Jaruzelski schockieren den patriotischen polnischen Pontifex. Kardinal Jozef Glemp, der zum 20. Jahrestag der Papstwahl (also 1998) in Rom weilt, erzählt Folgendes: Johannes Paul II. war damals, Ende 1981, zum Äußersten bereit, um die Freiheit seines Heimatlandes zu verteidigen. Er hätte „im Fall eines sowjetischen Einmarsches in Polen sogar sein Amt als Kirchenführer niedergelegt und wäre nach Polen zurückgekehrt, um einen moralischen Anreiz für die Rettung seiner Heimat zu geben".

Pontifex im Pool

Skifahren und Schwimmen – der noch relativ junge Papst ist sportlich. Und er ahnt: Wenn er sich nicht weiterhin körperlich fit hält, wird er die Strapazen seines hohen Amtes nicht lange durchhalten. Darum lässt er im Park seiner Sommerresidenz Castelgandolfo einen Swimmingpool bauen, den er gern benützt. Journalisten fragen nach den nicht unerheblichen Kosten der Anlage. Darauf Johannes Paul schlagfertig: „Sicherlich ist dieser Pool viel billiger als ein neues Konklave." Womit er natürlich darauf anspielt, dass Bewegung und Sport (in Maßen) sein Leben verlängern können. Die Fotos vom sportlichen Papst steigern seine Popularität.

Papst will spielen

Karol Wojtyła ist kein Typ, der lange stillsitzen kann. Auch in Castelgandolfo, wo er sich ausruhen soll, wird er unruhig. Einigen Mitarbeitern schlägt er ein Volleyballspiel im Park vor. Also spannt man ein Netz zwischen die Bäume – es fehlt nur noch der Ball. „Kinder haben immer Bälle“, meint Johannes Paul und läuft zur Wohnung des Castelgandolfo-Wächters, der dort mit seiner Familie lebt. „Kannst du mir deinen Ball borgen?“, fragt der Pontifex den achtjährigen Sohn des Hauses. „Weißt du, auch ein Papst will spielen.“

Sprachlicher Schnitzer

Der Wojtyła-Papst versteht es geschickt, bei Ansprachen auf Italienisch mit kleinen sprachlichen Schnitzern Sympathie zu wecken. Mitunter kokettiert er in diesem Punkt geradezu. So bei einer Generalaudienz, wo der Pole über das Adverb „contemporaneamente“ (gleichzeitig) stolpert. Auch bei Wiederholung will ihm das schwierige Wort nicht über die Zunge. Die Folge? Freundliches Gelächter im Saal. Darauf Johannes Paul: „Ja, das gefällt allen, wenn sich der Papst verspricht."

Gespräch mit Franz-Josef Strauß

Privataudienz des Papstes für den legendären bayerischen Ministerpräsidenten Franz-Josef Strauß. Der Münchner Spitzenpolitiker überreicht dem Katholikenoberhaupt eine Goldmedaille der „Patrona Bavariae" (Maria) und eine Spende. Später wird Strauß gefragt, in welcher Sprache denn die 47 Minuten dauernde Unterredung geführt wurde. Der altphilologisch geschulte Bayer antwortet darauf: „Sie wurde auf Deutsch geführt. Wir haben aber gelegentlich möglichen Irrtümern durch Verwendung der lateinischen Sprache vorgebeugt."

Mädchen-Ansturm

Generalaudienz im Vatikan: Eine Mädchengruppe aus den Abruzzen umringt den Papst und jubelt ihm zu. Einige „ragazze" möchten seine Hände schütteln, seine

Soutane berühren oder gar seinen Kopf streicheln. Als Johannes Paul II. schließlich auf sein Podium zurückkehrt, um die übliche Ansprache zu halten, sagt er vorweg aus dem Stegreif: „Ihr habt ‚Es lebe der Papst' gerufen. Ja, er lebt noch, trotz des Gedränges. Viele haben um seine Hand angehalten, vergebens. Einige Mädchen wollten mir sogar den Kopf verdrehen, doch das ist ihnen ebenfalls nicht gelungen." Die Folge im Saal: Lachen und neuer Beifall für den Pontifex.

Das ist mein Job ...

Immer mal wieder kommen Scharen polnischer Katholiken nach Rom, um „ihrem" Papst, dem größten Sohn ihres Landes, zu huldigen. Sie umringen und bejubeln Johannes Paul. Bei einem dieser Treffen will das polnische Fest anscheinend kein Ende nehmen. Schließlich muss der Pontifex ein Machtwort sprechen: „Liebe Leute, nun lasst mich doch gehen. Ich muss ja auch noch für andere den Papst machen, das ist mein Job."

Unermüdlicher Globetrotter

Pastoralreisen in alle Welt

„Papst Wojtyła fühlte sich auch als Erbe des Apostels Paulus. Und wie bei Paulus brannte auch in ihm ein missionarisches Feuer, das ihn anspornte, in die ganze Welt zu reisen, um das Evangelium zu bezeugen ... Er wollte die Menschen in ihrer konkreten Situation kennenlernen, inmitten ihrer Kultur. Aber wohin er auch reiste, er kam als Protagonist, als planetarischer Fürsprecher des Friedens und der Menschenrechte."

Gian Franco Svidercoschi: Un papa che non muore. L'eredità di Giovanni Paolo II. (übersetzt: Ein Papst, der nicht stirbt. Das Erbe Johannes Pauls II.), Cinisello Balsamo 2009

Johannes Paul II. nimmt sich ein Beispiel am Völkerapostel Paulus, von dem er sagt: „Er hielt nie inne, er war immer unterwegs." Deshalb macht der Wojtyła-Papst schon im ersten Jahr seines Pontifikates durch drei interkontinentale Reisen deutlich, wie ernst er seine Aufgabe als weltweiter „Missionar", als Hirte und Seelsorger der universalen Kirche nimmt. Die vielen Pastoralreisen sind vielleicht das originellste und sicher das spektakulärste Kennzeichen seiner langen Amtszeit. Nur 1981 (infolge des blutigen Attentats) ist er gar nicht und 1944 (infolge seines Oberschenkelhalsbruchs) nur kurz unterwegs. Ansonsten ist er fast ständig „auf Achse".

Eine Statistik dazu hat Slawomir Oder, der Postulator des Seligsprechungsverfahrens, veröffentlicht. Johannes Paul II. machte demnach 104 Reisen ins Ausland und 146 in Italien. Dabei besuchte er 131 Staaten und 259 italienische Ortschaften. Insgesamt verbrachte er 822 Tage – das heißt: 8,5 Prozent seiner gesamten Amtszeit – außerhalb des Vatikans. Um Karol Wojtyła selber zu zitieren: Da es Aufgabe der Kirche sei, mit allen zu sprechen, müsse sich der Papst diese Aufgabe zu eigen machen. „Also sollte man diesen Schwung eines Globetrotters verstehen. Der Papst als Globetrotter, der manchmal nicht sehr gerne gesehen wird."

Bei seinen „Seelsorgebesuchen" (so die offizielle Bezeichnung für seine Reisen) verfolgt Johannes Paul genau genommen mehrere Ziele. Er möchte möglichst vielen Menschen das Evangelium verkünden – aber überall auch die Beachtung der Menschenwürde anmahnen. Er will die katholischen Gemeinden und Diözesen vor Ort stärken – aber auch ihre Bindung an Rom festigen. So erreicht er Millionen und Abermillionen von Gläubigen, die erstmals in ihrem Leben den Papst „live" erleben. Noch niemals in der Geschichte ist eine Person mit so vielen Menschen unmittelbar in Kontakt getreten wie dieser Pontifex, den man als „globalen Propheten" bezeichnet.

Besonderes Aufsehen, versteht sich, erregen die internationalen apostolischen Pastoralvisiten. Darunter gibt es solche mit einem markant ökumenischen Akzent, wie die ersten Besuche eines Papstes in Deutschland oder in Großbritannien. Es gibt „sensationelle" wie jene ins kriegszerstörte Sarajewo; es gibt „politische" wie die Besuche im kommunistischen Polen oder in Fidel Castros Kuba. Und es gibt, namentlich Mitte der 90er Jahre, auch einige weniger erfolgreiche Reisen, etwa nach Österreich oder Tschechien, wo Johannes Paul überwiegend auf Gleichgültigkeit stößt. Dreimal im Verlauf seines langen Pontifikates ist er im Lande Luthers, wobei ihn der dritte Besuch (1996) mit den Etappen Paderborn und Berlin in das wiedervereinigte Deutschland führt.

Zu den wenigen Ländern, die der Globetrotter-Papst nicht besuchen kann, zählen China und Russland, Vietnam, Laos, Kambodscha und mehrere islamisch dominierte, Rom gegenüber misstrauische Staaten. Im August 2002 macht er seine letzte Pastoralvisite in Polen. Dort, in seiner Heimatdiözese, erfüllt ihn Abschiedswehmut. Er würde, so der 82-jährige Karol Wojtyła, „zu Krakau gern ‚auf Wiedersehen' sagen, aber das liegt in Gottes Händen".

Zwar lösen die ständigen Papstreisen, besonders in den ersten Jahren des Pontifikates, auch Widerspruch aus. Etliche Kurienbischöfe monieren hinter vorgehaltener Hand, der gar so eilige Heilige Vater vernachlässige die Verwaltungsaufgaben im Vatikan, die Leitung der Weltkirche. Anderen Zeitgenossen missfällt der bei diesen Reisen unvermeidliche „Rummel". Doch diese Kritik ist inzwischen verstummt. Niemand bezweifelt, dass die katholische Kirche – auch dank dieser Seelsorgebesuche ihres obersten Hirten – heute in der Weltöffentlichkeit so präsent ist wie nie zuvor. Und das Gefühl der Gläubigen rund um den Erdball, dass sie einer mit Rom verbundenen, wahrhaft universalen Kirche angehören, ist gestiegen.

Erde geküsst

Ende Januar 1979 unternimmt Johannes Paul II. seine erste internationale Reise. Und zwar nach Mexiko (vor allem zur Generalversammlung der lateinamerikanischen Bischöfe in Puebla). Bei der Zwischenlandung des Papstflugzeugs in Santo Domingo verblüfft Wojtyła die Weltöffentlichkeit. Denn er kniet auf dem Rollfeld nieder und küsst die Erde. Diese Geste wiederholt er fortan jedesmal beim ersten Besuch eines Landes.

Mexikanische Tricks

Da in der betont antiklerikalen Republik Messen im Freien sowie das Soutane-Tragen „draußen" verboten sind, und überdies das Messe-Lesen nur Mexikanern gestattet ist, muss man für den Gottesdienst mit dem Pontifex einige Tricks anwenden. Die Soutane wird kurzerhand zum „Tageskleid" und der Platz vor der Kirche zum „Vorhof" deklariert. Weil der Papst leidlich spanisch kann, wird er einfach zum „Mexikaner" erklärt. Johannes Paul scherzt, als er von diesen absurden Umdeutungen hört: „Juristen sind also doch zu etwas gut."

Nützliche Soutane

Der Wojtyła-Papst besucht Neapel, wo ihn der damalige Bürgermeister Maurizio Valenzi mit großen Ehren empfängt. Insgeheim hofft Valenzi, dass die Ansprachen des Katholiken-Oberhaupts, die ein breites Medienecho erwarten lassen, Roms Regierung zur Hilfe für die von vielen Nöten geplagte Krisenstadt am Vesuv anspornen. „Aus Liebe zu Neapel", sagt er, „klammere ich mich an alles, auch an die Soutane des Papstes – selbst wenn ich Atheist bin."

Zum Reisen gezwungen

Ende Juni 1980 startet Johannes Paul II. zu seiner ersten Pastoralvisite nach Brasilien. Da der Abflug in aller Herrgottsfrühe eingeplant ist, verabschiedet sich der Pontifex schon tags zuvor beim Angelusgebet von den Römern. Dabei rechtfertigt er seine Reiselust mit seelsorgerlichen, missonarischen Zwecken: „Ich fühle mich wie der heilige Paulus – zum Reisen gezwungen."

Fischerring für Arme

In Brasilien bringt man den Papst auch in eine „Favela“, eine Barackensiedlung, in der schreckliche Armut herrscht. Sein Sekretär Dziwicz erinnert sich: Johannes Paul blickte fast verzweifelt umher, weil er nicht wusste, wie er das Leid lindern könne. Dann „zog er plötzlich seinen Fischerring vom Finger und schenkte ihn jenen Menschen“. Dziwicz erzählt noch eine weitere Episode aus Brasilien, von einem Gottesdienst. Kaum hatte die Gemeinde mit dem Gebet des „Vaterunser“ begonnen, als der Pontifex ein Schild sah mit der Aufschrift: „Heiliger Vater, das Volk leidet Hunger.“ Daraufhin setzte er das Gebet fort: „Gib heute das tägliche Brot diesem hungernden Volk.“ Nachdem er die dramatische Wirklichkeit vor Ort gesehen hatte, änderte der Papst über die Hälfte seiner in Rom vorbereiteten Ansprachen an die brasilianischen Bischöfe.

Steuern vom Papst?

Im brasilianischen Porto Allegre wird Johannes Paul die Ehrenbürgerschaft der Stadt verliehen. Der Papst nimmt die Auszeichnung dankend an und fragt dann zur allgemeinen Erheiterung: „Muss ich hier von jetzt an auch Steuern zahlen?“

Lieber Genosse Wojtyła ...

In San Paolo, der Wirtschaftsmetropole Brasiliens, begibt sich Johannes Paul ins Sportstadion, wo ihn etwa 150 000 Arbeiter erwarten. Ein Gewerkschafter spricht ihn mit „Caro companheiro“ (Lieber Genosse) an und schildert ihm, wie die herrschende Diktatur unter dem Vorwand der „Nationalen Sicherheit“ nicht nur Arbeiter und Gewerkschafter verhaftet, sondern auch Priester, die sich für die Unterdrückten einsetzen. Als der Papst diesen Mann zum Zeichen der Solidarität umarmt, ruft die Menge begeistert: „König, König, König, Johannes Paul ist unser König!“

Latein in Köln

Mitte November 1980 unternimmt Karol Wojtyła seine erste Deutschlandreise als Papst. Als er bei der Landung in Köln den deutschen Boden küsst, rufen ihm die auf dem Airport versammelten Gläubigen zu: „Amamus te!“ (Wir lieben dich!) Der Heilige Vater winkt den Fans lächelnd zu und ruft zurück: „Ich hoffe, dass ihr ein bisschen mehr Latein könnt als diese zwei Worte!“

Bitte geht schlafen!

Während seines Deutschlandbesuches übernachtet Johannes Paul II. unter anderem in der Residenz des Mainzer Bischofs. Ein paar hundert Jugendliche, die dies wissen, singen am späten Abend lange vor seinem Fenster – in der Hoffnung, der verehrte Gast möge sich ihnen noch einmal zeigen. Schließlich gibt sich der Papst geschlagen, tritt ans Fenster und bittet die Sänger: „Wenn ihr mich wirklich liebt, dann geht jetzt zu Bett!"

Witz vom Pontifex

Von seiner ersten Polenreise 1979 bis zum Amtsantritt des Reformers Gorbatschow 1985 fürchtet Johannes Paul II. eine Intervention der Sowjetunion in seiner Heimat. Damals kann er die große Wende in Warschau (wie im gesamten Ostblock) nicht vorhersehen. Ein Beweis dafür? Dem französischen Publizisten André Frossard erzählt er – wohl 1982 – folgenden Witz: Der Papst fragt den himmlischen Vater: „Herr, wird Polen jemals Freiheit und Unabhängigkeit erlangen?" – „Ja", erwidert Gott, „aber nicht, solange du lebst." Der Papst fragt weiter: „Herr, wird es nach mir wieder einen polnischen Papst geben?" – Gottes Antwort: „Nicht, solange ich lebe."

Leid auf Haiti

Als der Pontifex im März 1983 nach Mittelamerika reist, besucht er auch die bitterarme (2010 durch ein schweres Erdbeben halbzerstörte) Karibikinsel Haiti, wo damals die mächtige, korrupte Familie Duvalier herrscht. In seiner ersten Rede zitiert er das Motto eines aktuellen Eucharistischen Kongresses: „Es ist notwendig, dass sich hier etwas ändert." Die Menschenmenge hört's und stimmt dem Papst jubelnd zu. Deshalb wiederholt Johannes Paul dieses Leitwort mit Nachdruck. Später, anlässlich einer Großveranstaltung in der Hauptstadt Port-au-Prince, bittet der verunsicherte Jean-Claude Duvalier den Heiligen Vater, in seiner Abschiedsrede den Ton zu mäßigen. Doch der Papst antwortet, das könne er vor seinem Gewissen nicht tun. „Denn hier muss sich wirklich etwas ändern. Hier leiden die Menschen. Das darf nicht so weitergehen!"

Solidarnosc lebt

Bald nach Ausrufung des Kriegsrechts in Polen und dem Verbot von Lech Walesas Gewerkschaft Solidarnosc (Solidarität) beschließt der beunruhigte Papst, wieder in die Heimat zu reisen – um seinem Volk zu helfen. Doch erst im Juni 1983 ist es so weit. Johannes Paul trifft den Kommunistenchef General Jaruzelski. In Kattowitz betont er das Recht der Arbeiter auf freie Gewerkschaften. Schließlich kommt es in einer Berghütte bei Zakopane zur Begegnung mit Lech Walesa, den man mit seiner Frau und vier Kindern per Hubschrauber dorthin gebracht hatte. Johannes Paul weiß: Jedes Gespräch würde mit „Wanzen" abgehört. Deshalb führt er Walesa nach draußen, setzt sich mit ihm auf eine Bank und hebt hervor: „Ich will Ihnen nur sagen, dass ich jeden Tag für Sie bete." So zeigt er, wie Papst-Sekretär Dziwisz später schreibt, der ganzen Welt und besonders den kommunistischen Führern: Solidarnosc lebt!

Weltmeister im Ring

Pastoralvisite in Venezuela, 1985. Im Sportstadion der Universität Caracas wird Johannes Paul II. mit südländischer Begeisterung gefeiert. Zigtausende von Jugendlichen singen und tanzen. Schließlich springt der Ansager auf das Podium des Heiligen Vaters und packt dessen Arm. Er reckt ihn in die Höhe, genauso wie man es mit siegreichen Boxern im Ring macht, und ruft laut: „Er ist der Weltmeister!"

Mützen-Dilemma

Im Rahmen einer Belgienreise besucht der Papst auch die renommierte Katholische Universität Löwen. Mehrere Studenten und Studentinnen treten ans Mikrofon und legen, wie man es formuliert, Zeugnis ab. Zunächst stellen sie sich stets kurz vor: „Ich heiße Michael, ich bin 20 Jahre alt ..." Oder: „Ich heiße Isabella, bin 19 Jahre alt ..." Deshalb beginnt auch der Heilige Vater in gleicher Weise: „Ich heiße Johannes Paul II., ich bin 65 Jahre alt ..." Als man ihm eine Studentenmütze schenkt, nimmt Wojtyła sein weißes Papstkäppi ab und hält beide Kopfbedeckungen in die Höhe. „Was nun? Entweder setz ich die eine oder die andere auf. Aber ich glaube, auch mit diesem Dilemma werden wir leben können."

Pakt mit dem Teufel?

Von Kenia aus reist der Pontifex im Sommer 1985 nach Marokko, wo er in Casablanca vor 50 000 jungen Moslems spricht. Auf nach Flug nach Casablanca merkt ein Journalist dem Heiligen Vater gegenüber an, die Reise nach Marokko sei ja problemlos – ob er auch in schwierige islamische Länder wie Libyen oder Saudi-Arabien reisen würde? Darauf Johannes Paul: „Ich würde sogar mit dem Teufel reden, wenn das zu etwas

Gutem führt." Beide Staaten, Libyen wie Saudi-Arabien, kann der Globetrotter-Papst zu seinem Leidwesen nie besuchen.

Sonne und Regen

Vor der Basilika St. Denis in Paris haben sich trotz miserablem Wetter etwa 60 000 Menschen versammelt, um den Papst zu erleben. „Es regnet, aber ihr seid geduldig genug, mich anzuhören", unterstreicht Johannes Paul II. und fährt fort: „Macht weiter, bei gutem wie bei schlechtem Wetter! Auch euer Leben wird immer ein Wechsel von Sonne und Regen sein."

Star in Hollywood

In Kalifornien macht der Papst auch einen Abstecher nach Hollywood, die Hochburg der Filmindustrie. In den Studios trifft er mit Schauspielern, Regisseuren, Produzenten zusammen – etwa mit Shirley McLaine, Charlton Heston, Bob Hope, Dino De Laurentiis. Aber die ihn begleitenden Journalisten betonen: „Der größte Schauspieler in diesem Rahmen war er, Karol Wojtyła." Der Heilige Vater schmeichelt den Anwesenden mit den

Worten: Ohne einen Auftritt in Hollywood „wäre meine Reise in die USA nicht vollständig gewesen“. Dann ermahnt er die Filmleute: „Lasst euch von der Arbeit nicht versklaven! Und achtet darauf, dass nicht das Geld eure einzige Sorge ist!“

Defektes Amerika

Bei einer USA-Reise will der Papst in Philadelphia eine Messe für Tausende von Priestern und Ordensschwestern feiern. Doch als er mit der Predigt beginnt, sind die Mikrofone defekt. Nur ein paar Wortfetzen sind zu hören. Johannes Paul klopft auf das Mikrofon – nichts tut sich. Amüsiert sagt er: „Endlich einmal etwas, was in Amerika *nicht* funktioniert!“

Schwangere Hostess

In dem Flugzeug, das den Papst in Paraguay von der Hauptstadt Asunción nach Estigarribia bringt, befindet sich im Service-Personal auch eine Hostess, die grade schwanger ist. Sie nähert sich dem Heiligen Vater und bittet ihn, ihr künftiges Baby zu segnen. Dann nimmt sie sogar die Hand des Pontifex und legt sie auf ihren

Bauch. Johannes Paul II. lächelt, erteilt den Segen und flüstert der Hostess zu: „Ich nenne ihn Johannes."

Kein wildes Tier

Papstaudienz für einen widerborstigen Oberhirten, den brasilianischen Bischof Pedro Casaldaliga aus dem Amazonasgebiet. Er setzt sich energisch für die armen Indios seiner Diözese ein, prangert die ausbeuterischen Großgrundbesitzer an – und schwänzte bisher die für Bischöfe obligatorischen „visite ad liminam" (beim Papst), weil er sie für nutzlos hielt. Dem Vatikan gegenüber, so erzählt man, ist er so misstrauisch, als ob dort Raubtiere hausten. Nun also geht er doch zum Heiligen Vater. Johannes Paul lässt sich über das Schicksal der leidenden Indios am Amazonas berichten. Von Casaldaliga gebeten, erteilt er den Segen „für alle Verfolgten". Abschließend umarmt er den Bischof und ruft ihm lächelnd zu: „Wie Sie sehen, bin ich kein wildes Tier!"

Unterirdischer Gott

Madagaskar, La Reunion, Zambia, Malawi sind die Etappen einer anstrengenden Afrikareise des Heiligen

Vaters 1989. Im Norden von Zambia, im sogenannten „Kupfergürtel", zelebriert er eine Messe für die dort tätigen Grubenarbeiter. An sie wendet er sich mit den denkwürdigen Worten: „Der Herr ist mit euch, wenn ihr ins Bergwerk geht, und er ist auch dort unten, in der Tiefe der Erde."

Minimaler Unterschied

In Italien kursiert Anfang der Neunzigerjahre folgender Witz: „Was ist der kleine Unterschied zwischen Gott und dem Papst?" – „Nun, Gott ist überall – der Papst dagegen war schon überall." Hintergrund? Johannes Paul II., dieser Globetrotter-Papst, vermittelt den Eindruck, er wolle bei seinen Reisen wahrlich keinen Erdenwinkel auslassen.

Wojtyła mit Giallaba

Wieder eine Pastoralreise des Pontifex nach Schwarzafrika, diesmal nach Senegal, Gambia, Guinea. In Dakar trifft Johannes Paul, von jubelnden Menschen begrüßt, mit den örtlichen Islamführern zusammen. Sie überreichen ihm eine „Giallaba", das typische lange, weiße Gewand der Moslems, und zwar ein besonders schönes, mit Goldstickerei verziertes Stück. Der Wojtyła-Papst zieht die Giallaba sogleich an – und wirkt somit, staunen Augenzeugen, wie ein ranghoher Anhänger Mohammeds. Freilich, als er sich zu seiner Ansprache anschickt, zieht er die Giallaba aus – zu den Moslems spricht er im traditionellen Papstgewand.

Prügel angedroht

Während einer extrem anstrengenden Reise Anfang 1995 nach Asien, Ozeanien und Australien stützt sich Johannes Paul auf einen Stock. „Der nützt auch, um Leuten, die sich nicht ordentlich benehmen – vielleicht auch manchem Journalisten –, Prügel zu erteilen", scherzt der Papst, der seit einem bösen Sturz und einer Hüftoperation im Jahr zuvor Schwierigkeiten beim Gehen hat.

Wirbel in Berlin

Über 100 000 Menschen nehmen an einem Gottesdienst im Berliner Olympiastadion teil, bei dem Johannes Paul II. prominente Nazi-Opfer, nämlich Bernhard

Lichtenberg und Karl Leisner, seligspricht. Diese Märtyrer, betont der Pontifex, haben christliches Zeugnis abgelegt „in einer Epoche, in der viele vom rechten Weg abkamen“. Der Katholikenführer erlebt in der deutschen Hauptstadt freilich nicht nur Zustimmung. Homosexuelle demonstrieren gegen den Papst; sie werfen Tomaten und wählen (als Provokation) eine lesbische „Gegenpäpstin“. Berlin ist für Johannes Paul „eben leider ein sehr heißes Pflaster“, klagt ein Prälat.

DDR-Bürger dankt

Bei einer Ferienwanderung in den Dolomiten, so wird erzählt, begegnet Johannes Paul II. einem „Ossi“, einem Touristen aus der Deutschen Demokratischen Republik. Der Mann spricht ihn an und sagt auf Deutsch: „Danke für alles, was Sie in Ihrem Pontifikat getan haben. Wir, die wir in der DDR leben, wissen sehr wohl, für was wir Ihnen Dank schulden.“ Der Papst nickt, nimmt zum Zeichen des Respekts seine Mütze ab und geht nachdenklich weiter.

Gebet für Gorbi

Kurz nach dem Fall der Berliner Mauer kommt erstmals ein Sowjetpräsident zum Papst: Michail Gorbatschow. Johannes Paul begrüßt den Gast auf Russisch: „Willkommen, ich freue mich sehr, Sie kennenzulernen.“ Darauf Gorbi, unter Bezug auf einen Briefwechsel: „Aber wir hatten bereits mehrfach Kontakt.“ Johannes Paul: „Ja, ja, auf dem Papier. Doch wir müssen miteinander reden.“ (Da er nicht gleich die Worte auf Russisch findet, spricht er Italienisch und der Dolmetscher übersetzt.) Dann, in der Privatbibliothek, sitzen sich die beiden Männer am Schreibtisch gegenüber. Johannes Paul: „Ich habe diese Begegnung durch Gebet vorbereitet ...“ Gorbis Antwort teilt der Papst später Journalisten mit: „Mein Gesprächspartner war sehr angetan. Das Gebet, sagte er mir, sei sicher ein Zeichen der geistlichen Werte – und solche Werte brauchen wir sehr.“

Verfaulter Baum

Johannes Paul II. spielt seine enorm wichtige Rolle bei der Überwindung des Kommunismus im Ostblock gern herunter. Er wird mit den Worten zitiert: „Ich habe das nicht verursacht. Der Baum war schon in seinem Inneren verfault. Ich habe ihn nur geschüttelt, und dabei sind die faulen Äpfel heruntergefallen.“

Licht der Vorsehung

Vatikan, Anfang 1997. Der Papst und sein Stab bereiten die Polenreise für den Juni vor. Johannes Paul ist diesmal etwas besorgt, wie ihn seine Landsleute (einschließlich der Politiker) empfangen würden, denn sein großer Schützling, Lech Walesa von der Gewerkschaft „Solidarnosc“, war bei den Präsidentschaftswahlen Ende 1995 nicht wiedergewählt, sondern von Aleksander Kwasniewski besiegt worden. Als man eines Abends bei Tisch über die neue Lage spricht, meint einer der teilnehmenden Priester: „Vielleicht, Eure Heiligkeit, sollte man diese Dinge im Licht der Vorsehung interpretieren.“ Johannes Paul antwortet mit verschmitztem Lächeln: „Nun, von der göttlichen Vorsehung versteh ich ja ein bisschen was.“

Leiden als Zeugnis

Attentat, Gebrechen, Rücktrittspläne

„Die mystische Neigung des Wojtyła-Papstes zeigte sich in seinem Verständnis des Leidens als Form der Buße und als Geschenk für die Menschheit. Sein Pontifikat war ja vom Leid gekennzeichnet: Seit dem dramatischen 13. Mai 1981 verbrachte er insgesamt 164 Tage in der Klinik Gemelli ... Aber auch wenn er dem Schmerz einen Sinn gab, wünschte er durchaus, dass man sich für die Schmerzlinderung einsetzt. Der Schmerz, sagte er, soll Solidarität mit den Leidenden wecken."

Slawomir Oder: Perché è Santo (Übersetzt, samt Untertitel: Warum er heilig ist. Der wahre Johannes Paul II., erzählt vom Postulator des Seligsprechungsverfahrens), Mailand 2010

Johannes Paul II. ist der erste Papst der Neuzeit, der einem Attentat zum Opfer fällt – und nur wie durch ein Wunder überlebt. 13. Mai 1981, Generalaudienz auf dem Petersplatz. Kurz nach 17 Uhr fährt der Pontifex im offenen Jeep durch die Korridore auf dem dichtgefüllten Petersplatz, um Pilger und Touristen zu grüßen. Plötzlich drängt sich ein junger Mann vor und feuert aus vier Metern Entfernung mit einer Browning-Pistole auf den Heiligen Vater. Zwei Kugeln. Eine davon trifft Karol Wojtyła im Unterleib; schwerverletzt und blutend bricht er zusammen. Die Schockmeldung von dem Mordanschlag läuft um die ganze Welt.

Kurz darauf bringt man den Papst im Ambulanzwagen zur Poliklinik Gemelli. Sein ihn begleitender Sekretär Dziwisz berichtet später, Johannes Paul habe mit leisem Seufzen geklagt. „Ich hörte, dass er betete und ‚Jesus, Maria, meine Mutter' sagte. Bei der Ankunft in der Klinik verlor er das Bewusstsein."

Während der fünfstündigen Operation schwebt der Patient wegen des hohen Blutverlustes ständig in Lebensgefahr. Die Chirurgen müssen den zerfetzten Darm nähen, ein großes Stück Darm entfernen, einen künstlichen Darmausgang schaffen. Schließlich behandeln sie noch die von der zweiten Kugel des Attentäters verursachten Schulter- und Handverletzungen. Millionen Gläubige auf der ganzen Welt bangen um

Johannes Paul. Erst am Sonntag, dem 17. Mai, steht fest: Der Papst kommt durch. Mit schwacher Stimme sagt er aus der Klinik über Radio Vatikan zur Menschenmenge auf dem Petersplatz, er bete für den „Bruder“, der ihn verwundet und dem er vergeben habe.

Wer dieser „Bruder“ ist, weiß man zu jener Stunde schon: der (sogleich verhaftete) türkische Terrorist Mehmet Ali Agca. Ein römisches Gericht verurteilt ihn bald darauf zu lebenslänglichem Gefängnis. Johannes Paul II. hat den Mordanschlag später einmal als eine „göttliche Prüfung“ bezeichnet. „Gott ließ mich erleben, was Schmerzen sind und was Lebensgefahr bedeutet.“

Vom dramatischen 13. Mai 1981 an verbringt Johannes Paul 164 Tage in der Klinik. So muss er sich noch anno ’81 wegen einer Virusinfektion stationär behandeln lassen. Obgleich er sich dann rasch erholt, fortan strapaziöse Reisen sowie Bergwanderungen und Skitouren macht, kommt er immer wieder mal notgedrungen ins „Gemelli“. 1992 zur Entfernung eines Darmtumors, 1993 wegen einer Schulterprellung, 1994 zur Einsetzung einer Hüftprothese und 1996 zu einer Blinddarm-OP. Dann macht ihm die Parkinsonsche Krankheit zu schaffen. Johannes Paul hegt denn auch Rücktrittspläne. An Ostern 2001 muss er die Teilnahme an der römischen Kreuzwegprozession absagen.

Kurzum: Karol Wojtyła, anfangs als „Athlet Gottes“ gerühmt, wird für alle sichtbar ein „Mann der Schmerzen“. Und er sieht sein Leiden – im Sinne der Passion Jesu – als ein Zeugnis an. Um ihn selbst zu zitieren: „Vereint mit Christus, der Priester und gleichzeitig Opfer war, opfere ich mein Leiden auf für die Kirche und die Welt.“

Vater, vergib ihnen!

Schon im Ambulanzwagen, der ihn nach dem Mordanschlag vom 13. Mai '81 in die Klinik transportiert, zitiert der blutende Heilige Vater murmelnd die Worte Jesu am Kreuz: „Vater, vergib ihnen, denn sie wissen nicht, was sie tun." Wenige Monate später, so enthüllt der Postulator im Seligsprechungsverfahren, Prälat Slawomir Oder, in einem Anfang 2010 veröffentlichten Buch, wiederholt der Pontifex in einem nie abgesandten, unvollendeten Brief an den Attentäter Ali Agca diese Worte. Und fügt hinzu: „Es ist wichtig, dass nicht einmal ein Zwischenfall wie der vom 13. Mai einen Abgrund zwischen zwei Menschen auftun kann."

Dem Herodes entrissen

Knapp fünf Monate nach dem Attentat nimmt der Papst, noch Rekonvaleszent, die Praxis der Generalaudienzen wieder auf. Von jenem Mordanschlag ausgehend, ruft er das Schicksal des Petrus in Erinnerung: Der Apostel wurde einst von König Herodes in den Kerker geworfen, dann aber von einem Engel befreit – weshalb Wojtyła sagte: „Ich bin sicher, dass mich der Herr den Händen des Herodes entrissen hat." Dann ergänzt der Pontifex: Er, der Nachfolger Petri, müsse natürlich über diese Worte des Apostels nachdenken. Roms Journalisten machen aus dieser Bemerkung gleich ein Papst-Zitat: „Gott hat mich dem Herodes entrissen."

Alle nur Diebe

Im Februar 1982 beginnt Johannes Paul II. wieder zu reisen. Er besucht vier Staaten Schwarzafrikas, mit der ersten Etappe Nigeria. Die Presse dort erläutert ihren Lesern, dass in diesen stürmischen Zeiten nicht mal der römische Pontifex einem Mordanschlag entgehen konnte. Allerdings drohe dem Katholikenoberhaupt in Nigeria, trotz scharfer politisch-religiöser Konflikte und aller Korruption, keinerlei Gefahr. Eine Gazette drückt dies mit folgender Karikatur aus: Während der Pontifex mit vollen Segeln herbeischwebt, ruft ihm ein nigerianischer Bischof von unten zu: „Eure Heiligkeit, ich versichere Ihnen: Hier gibt's keine Mörder, hier sind alle nur Diebe!"

Verrückter Angriff

Pilgerfahrt des Papstes 1982 in den portugiesischen Marienwallfahrtsort Fatima. Dort kommt es zu einem merkwürdigen Zufall: Am 13. Mai, genau ein Jahr nach dem Attentat auf dem Petersplatz, entgeht Johannes Paul nur um Haar einem neuen Mordanschlag. Denn der exaltierte spanische Priester Juan F. Krohn stürzt sich mit einem Messer und dem Ruf: „Nieder mit dem Papst!“ auf das Katholikenoberhaupt. Der Angreifer wird gestoppt und verhaftet. Wie sich herausstellt, gehörte Krohn früher zu den Anhängern des reaktionären, von Rom exkommunizierten Erzbischofs Lefebvre; dann schloss er sich einer Sekte an. Die Polizei stuft ihn schlicht als „verrückt“ ein.

Ali Agca vergeben

Ende Dezember 1983 beweist Johannes Paul II. einmal mehr Großmut und Stärke. Denn er besucht seinen Attentäter Ali Agca im römischen Gefängnis Rebibbia und verzeiht ihm demonstrativ. Fernsehbilder von diesem sensationellen Treffen gehen rund um die Welt. Der Türke, unrasiert, in blauem Pullover, kommt dem Papst entgegen, verneigt sich und küsst die ihm entgegengestreckte Hand. Anschließend setzen sich beide Männer und reden unbeobachtet 20 Minuten lang miteinander. „Was wir uns sagten“, so der Heilige Vater später, „bleibt ein Geheimnis zwischen mir und ihm ...“

Rücktrittsbrief für die Schublade

Der seit dem Attentat physisch labile Papst denkt häufig an einen Rücktritt – für den Ernstfall. Im Februar 1989, so enthüllt Prälat Oder in dem schon erwähnten Buch, schreibt Johannes Paul einen Brief an den Dekan des Kardinalskollegiums, in dem es heißt: „Im Fall einer mutmaßlichen unheilbaren Krankheit, die mich an der Ausübung meines apostolischen Amtes hindert, verzichte ich auf mein Amt, sowohl als Bischof von Rom wie auch als Oberhaupt der heiligen katholischen Kirche." Er überlasse es dem Kardinaldekan, „diese meine Demission im Namen der Allerheiligsten Dreifaltigkeit anzunehmen und wirksam zu machen". Der Kardinaldekan bewahrt das Schreiben also auf.

Schlaue Antwort

Im Herbst 1991 feiert man im Petersdom den 600. Jahrestag der Heiligsprechung Birgittas von Schweden. Ein ökumenischer Gottesdienst, an dem auch zwei führende Lutheraner aus Schweden und Finnland teilnehmen. Beim anschließenden Mittagessen sprechen diese Bischöfe einige Kernpunkte der katholisch-protestantischen Divergenzen an. Ob die Tatsache, dass er, der Papst, sie vor dem Altar an seiner Seite hatte, nicht eine

Anerkennung der „apostolischen Gültigkeit“ ihrer Bischofsweihe sei? Eine schlaue Frage, auf die Johannes Paul mit einer ebenso schlauen Gegenfrage antwortet: „Könnte es nicht auch sein, dass die beiden Bischöfe, wenn sie mir zur Seite stehen, meinen päpstlichen Primat anerkennen?“

Segnung mit links

Mit Johannes Paul II., heißt es 1992/1993 in Rom, „geht es auf und ab“. Einerseits anstrengende Reisen des Globetrotter-Papstes, dieses „eiligen Vaters“ – andererseits immer wieder Krankheiten und Unfälle. So wird dem Pontifex im Spital „Gemelli“ ein gutartiger Tumor am Darm entfernt. Ein gutes Jahr später stolpert er beim Herabsteigen vom Podium im Audienzsaal und fällt so unglücklich zu Boden, dass er sich die rechte Schulter ausrenkt. Also abermals in die Klinik „Gemelli“, wo man ihm die Schulter wieder einrenkt. Wegen der ihm angelegten Armbandage kann der Papst für geraume Zeit die Gläubigen nur mit der Linken grüßen und segnen.

Absolut nicht kaputt

Unter Anspielung auf seinen bandagierten Arm witzelt Johannes Paul II. bei einer Generalaudienz Ende 1993: Wie man sehen könne, sei der Papst „un po' deficiente, ma non distrutto". Die italienischen Audienzteilnehmer glauben, nicht recht gehört zu haben. „Deficiente" nämlich heißt zwar mangelhaft – es hat im Italienischen aber die Bedeutung „blöd", „vertrottelt". Der Pontifex hatte eben sagen wollen, dass er physisch angeschlagen, aber keineswegs „distrutto" (kaputt) sei. Reaktion bei den Italienern? Verständnis, Schmunzeln und Beifall.

Künstliche Hüfte

Schwerer Sturz des Papstes Ende April '94: Johannes Paul rutscht im Badezimmer aus und bricht sich den rechten Oberschenkelhals. Folglich wiederum Transport ins „Gemelli". Johannes Paul kommt somit schon zum sechsten Mal als Patient dorthin, weshalb er bei seiner Einlieferung gegenüber den Ärzten und Krankenschwestern scherzt: „Wie ihr seht, hänge ich sehr an eurem Spital." Dem Pontifex wird eine Hüftprothese eingesetzt. Doch da er sich fortan auf einen Stock stützen muss, wird vorsichtige Kritik an „seinen" Chirurgen laut: Die OP ist offenbar nicht gut gelungen.

Patient mit Humor

Während der vierwöchigen Behandlung im „Gemelli" 1994 beweist der Patient Johannes Paul II. Geduld und auffallenden Humor. Eines Tages zeigt er sich am Fenster seines Krankenzimmers und sagt zu den draußen versammelten Gläubigen: „Ich danke euch und wünsche euch, dass ihr nicht mehr hier herausfahren müsst. Unsere Professoren und die Schwestern haben versprochen, dass sie alle in den Vatikan umziehen."

Mit 75 in Pension?

Zwar sagt Johannes Paul II. damals, als Patient im „Gemelli", er müsse schnell gesund werden – „denn es gibt keinen Platz für einen emeritierten Papst." Doch zur gleichen Zeit, berichtet Prälat Oder auf der Basis der im Seligsprechungsprozess gesammelten Zeugenaussagen und Dokumente, verfasst der nun 74-jährige Katholikenführer ein Schreiben mit der Überlegung, ob nicht auch der Papst wie alle anderen Bischöfe mit 75 Jahren in Pension gehen solle. Er berät sich darüber sogar „in historischer und theologischer Hinsicht" mit dem Präfekten der Glaubenskongregation, Kardinal Ratzinger – also seinem späteren Nachfolger auf dem Stuhl Petri. Das betreffende Schreiben verstaubt, wie der Brief von 1989, in einer Schublade.

Armer Kerl

Gesundheitlich geschwächt, fährt der Heilige Vater anno '94 in die Sommerferien. Ein Erholungsurlaub in den norditalienischen Bergen, genauer: im Aostatal. Dort, im Heim der Salesianer im Dorf Les Combes, wird er von örtlichen Politikern und Klerikern sowie von zahlreichen Medienleuten begrüßt. Ein Journalist fragt den wahrlich urlaubsreifen Papst auf Polnisch, wie er sich denn fühle. Karol Wojtyłas Antwort: „Jak biedota" – wie ein armer Kerl.

Fort des Leidens

Da der Papst, nach etlichen Schwächeanfällen, im Oktober '96 – natürlich im „Gemelli" – wegen chronischer Blinddarmentzündung operiert wird, kommt es zu einem beispiellosen Reporterandrang vor dieser Klinik. „Wir fürchten das Schlimmste", sagen etliche Journalisten. Auf einem Hügel gegenüber dem Hauptgebäude der Klinik bauen Fernsehsender aus aller Welt Beobachtungsposten auf. „Es ist, als ob das ‚Fort des Leidens' belagert würde", schreibt Italiens Presse angesichts des „Medienzirkus" rund um den kranken Pontifex.

Vatikan Nummer drei

Gut eine Woche nach dieser Operation erscheint der prominente Patient in relativ guter Verfassung am Fenster seines Krankenzimmers. Verwundert blickt er auf die unten versammelte Menschenmenge hinab, darunter viele Polen mit Fahnen der Gewerkschaft „Solidarnosc". Und er scherzt: „Ich grüße Sie alle aus diesem dritten Vatikan. Der erste Vatikan ist ja am Petersplatz, der zweite in Castelgandolfo, und seit 1981 ist die Gemelli-Klinik zum dritten Vatikan geworden." Die Gläubigen klatschen Beifall, während die polnischen Gewerkschafter „Hoch lebe der Papst!" rufen.

Ratespiel um Papst-Kandidaten

Je älter und gebrechlicher Johannes Paul wird, umso häufiger diskutiert man über Nachfolge-Kandidaten, die „papabili". Besonders beliebt ist das Ratespiel, „Totopapa" genannt, natürlich in Italien. Auch der angesehene Publizist Vittorio Messori, Co-Autor eines Interview-Buches mit Johannes Paul, greift das Thema „Nachfolge" auf und plädiert in einem langen Zeitungsartikel dafür, die Kardinäle sollten (wieder) einen „papa italiano" wählen. Warum? Weil Johannes Paul die Kirche und besonders die römische Kurie derart unter Hochspannung hielt, dass sie nach ihm wieder Ruhe und einen bloßen Verwalter an der Spitze braucht. Messoris Wunsch, weiß man, ging freilich nicht in Erfüllung ...

Wie die Passion Christi

Die Spekulationen über die „papabili" häufen sich – doch Johannes Paul II. straft alle Mutmaßungen über das schnelle Ende seines Pontifikates Lügen. Er hält durch. In seinen letzten Lebensjahren wird das Leiden sogar ein Teil seiner Botschaft. So wie die Menschen einst die Passion Christi miterlebten, sollten sie nun auch seine, Karol Wojtyłas Passion akzeptieren. Auch ein schmerzverzerrtes Gesicht, sagt er, kann dem Menschen nichts von seiner inneren Würde nehmen. Und Kritikern dieser Ansicht hält er entgegen: „Sah Christus am Kreuz, gefoltert, bespuckt und blutüberströmt, vielleicht majestätisch aus?"

Jubiläum und Abschied

Höhepunkt und Ende des Pontifikats

„Das Jahr 2000 war im Denken des Papstes ein Meilenstein der Menschheitsgeschichte, der das Ende eines langen, von Spaltungen, Leiden, Kriegen und Völkermorden geprägten Zeitabschnitts markierte und zugleich eine neue Epoche einleitete, in der vieles anders werden sollte. Dieses Jahr sollte ein Wendepunkt werden, besonders mit Blick auf die Wiedervereinigung der gespaltenen Christenheit."

Ludwig Ring-Eifel: Johannes Paul II., Freiburg 2005

Seit Beginn seines Pontifikates hat der Wojtyła-Papst immer wieder auf die heilsgeschichtliche Bedeutung der bevorstehenden Jahrtausendwende hingewiesen. Also auf das „Große Jubiläum“, das obendrein (25 Jahre dem nach letzten Anno Santo) mit einem Heiligen Jahr zusammenfällt. Seine Auffassung: Die Welt soll würdigen, dass sich nun das wichtigste Ereignis der Geschichte – die Menschwerdung Gottes in Jesus Christus – zum 2000. Male jährt! Für die Gläubigen sei das Jubiläum ein Ansporn zur Hoffnung und zu neuem Einsatz.

Er selbst nimmt alle Kraft zusammen, um die Kirche gestärkt und schwungvoll ins dritte Jahrtausend zu führen. Das Jubeljahr wird denn auch zum Höhepunkt seines langen Pontifikates. Eine Vielzahl eindrucksvoller, zum Teil symbolträchtiger Ereignisse markiert die Zeit von der Öffnung der Heiligen Pforte (des Petersdoms) an Weihnachten 1999 bis zu ihrer feierlichen Schließung Anfang 2001. Dazu gehört jener ökumenische Gottesdienst, den Johannes Paul zusammen mit anglikanischen, orthodoxen und evangelischen Würdenträgern in der Basilika St. Paul vor den Mauern feiert. Fünf Wochen später besucht er als erster Papst der Kirchengeschichte Ägypten, wo er Moslems und Christen zur Toleranz auffordert.

Am 12. März 2000 dann der ergreifende Bußgottesdienst, den der Pontifex im Petersdom zelebriert, also das umfangreiche Schuldbekenntnis für die kirchlichen Verfehlungen der Vergangenheit. Dieses „Mea culpa“ trägt dazu bei, ein gutes Klima für die nächste Papstreise – ins Heilige Land – zu schaffen. Es ist nach dem Urteil seiner Biografen die symbolisch wichtigste Reise des Heiligen Jahres. Das numerisch weitaus größte Ereignis des Jubeljahres findet jedoch im August statt: Der Weltjugendtag in Rom ist mit zwei Millionen Teilnehmern die bisher eindrucksvollste religiöse Veranstaltung in Europa. Vor den optimistisch gestimmten jungen Christen appelliert Johannes Paul II. energisch für den Aufbau einer neuen, auf sozialer Gerechtigkeit und Versöhnung gegründeten Welt.

Am 6. Januar 2001 schließt der Pontifex die Heilige Pforte des Petersdoms. Und nun beginnt die Spätphase seines langen Pontifikates. Sie gleicht einem langsamen Abschiednehmen. In dieser Zeit wird der alte, gebrechliche Papst wieder verstärkt schriftstellerisch tätig, und er konzentriert sich innerkirchlich auf das Thema Eucharistie, dem er sogar eine Enzyklika widmet. 2004, bei seiner letzten Pilgerreise, ahnt er seinen baldigen Tod voraus. Anfang 2005 verschlechtert sich sein Gesundheitszustand drastisch. Und am 2. April 2005 stirbt Johannes Paul II. Katholiken in aller Welt trauern um ihn. Zu seinem Begräbnis reisen Spitzenpolitiker und Millionen Pilger nach Rom. „Santo subito!“ (Sofort heilig), fordert bei der Trauerfeier eine Schar seiner inbrünstigen Verehrer. Und bald darauf beginnt denn auch der Seligsprechungsprozess für diesen „Jahrhundertpapst“.

Neuer „Look“ für St. Peter

Auch der Petersdom bereitet sich, wenn man so will, auf das Jubeljahr vor – durch eine pünktlich zum Superereignis abgeschlossene Restaurierung der Fassade. Gewiss, zunächst gibt es Streit darüber, ob die Restauratoren nur die im Lauf der Jahrhunderte entstandene Schmutzschicht entfernt und Schäden repariert haben – oder ob sie eigenmächtig Farben auftrugen, weil diese dem Original entsprechen. Aber der Expertenstreit verstummt bald. Den Pilgern gefällt der „neue Look“ der grandiosen Basilika. Und der Papst beglückwünscht die Restauratoren.

Durch die Pforte des Herrn

An Weihnachten 1999 öffnet Johannes Paul II. feierlich die Heilige Pforte der Petersbasilika. Er klopft an und berührt die Tür. Anschließend ziehen Vatikanbeamte die schweren bronzenen Torflügel auf. Tiefernst sagt der Pontifex: „Dies ist die Pforte des Herrn.“ „Durch sie werden die Gerechten eintreten“, antworten die vor Ort versammelten Gläubigen. In über 100 Ländern verfolgen die Menschen übers Fernsehen die schöne Zeremonie.

Im Heiligen Land

Passend zum „Großen Jubiläum“ der Christenheit, das ja mit einem Heiligen Jahr der katholischen Kirche zusammenfällt, unternimmt der Papst im März 2000 eine Pilgerreise ins Heilige Land. Bei einem Besuch der Holocaust-Gedenkstätte Yad Vashem in Jerusalem geht er auf sechs Überlebende der von den Nazis betriebenen Judenverfolgung zu und gibt ihnen die Hand. Unter diesen Überlebenden ist auch eine Frau, von der man Folgendes erzählt: Sie war einst als 14-jähriges Mädchen zu schwach gewesen, um nach der Befreiung das KZ Auschwitz zu verlassen. Ein junger Pole fand das Mädchen zwischen Bergen von Leichen, trug es hinaus und rettete ihm so das Leben. Der Retter hieß Karol Wojtyła!

Geschenk in Fatima

Am 13. Mai 2000, dem 19. Jahrestag des Attentats vom Petersplatz, besucht der von Alter und Krankheit gezeichnete Pontifex abermals den portugiesischen Wallfahrtsort Fatima. Er betet vor der Statue der Muttergottes, in deren Krone eines der 9-Millimeter-Geschosse aus Ali Agas Waffe eingefügt wurde, und dankt erneut für seine wundersame Rettung anno ’81. Dann legt er (im Blitzlichtgewitter der Fotografen) vor der Statue eine kleine rote Schachtel nieder. Über Lautsprecher erfahren die Anwesenden, was sich in der Geschenkschachtel befindet: ein Ring. Und zwar jener Ring, den Kardinal Wyszynski seinem Landsmann Wojtyła anlässlich der Papstwahl geschenkt hatte – mit dem Wunsch, Karol Wojtyła werde die Kirche ins dritte Jahrtausend führen. Die den Pontifex begleitenden Journalisten rätseln lange, was diese Geste wohl bedeuten soll.

Das dritte Geheimnis

Johannes Paul war freilich nicht nur an den Marienwallfahrtsort gereist, um zu danken und zu beten. Er wollte die verstorbenen Seherkinder von 1917 seligsprechen und ließ aus diesem Anlass das sogenannte „dritte Geheimnis von Fatima“ enthüllen. Danach habe die Gottesmutter 1917 vage ein Attentat auf den Heiligen Vater prophezeit: Ein „weiß gekleideter Bischof fällt, von Schüssen getroffen, zu Boden“. Also die Voraussage des Mordanschlags 1981 auf den Bischof von Rom? So scheint es. Johannes Paul, schreibt sein Biograf Ludwig Ring-Eifel, deutet die Visionen von Fatima als Weissagung über den Leidensweg der Kirche im 20. Jahrhundert, an deren Ende das Papstattentat und der Sieg über den Kommunismus standen.

Happy birthday!

Rund 5000 Priester, Bischöfe und Kardinäle konzelebrieren mit dem Papst an dessen 80. Geburtstag eine Messe im Petersdom. Dann kommen viele Kirchenmänner zum Geburtstagsschmaus ins vatikanische Hospiz Santa Marta. Am Tisch des Jubilars sitzen zwölf Geistliche, die vor kurzem ihren „Achtzigsten" feierten oder ihn demnächst feiern, sowie einige Purpurträger. Johannes Paul II. schneidet die Geburtstagstorte an und trinkt, ebenso wie seine Gäste, ein Glas Champagner. Plötzlich singen die Kardinäle „Happy birthday to you". Der Papst dankt gerührt für die unerwartete Einlage.

Pizza, Papst, Petersdom

August 2000: Weltjugendtag in Rom. Mit enormer internationaler Beteiligung und optimistischer Stimmung. Für die herbeigereisten „Papaboys" und „Papagirls" ein unvergessliches Erlebnis, ein Mega-Event zwischen musikalisch beschwingtem Happening und Andachtswoche. „Ein katholisches Woodstock", staunen Italiens Medien. Und ein teilnehmender deutscher Bischof resümiert: Es sei großartig, so vielen jungen Gläubigen „zwischen Pizza, Papst und Petersdom" zu begegnen.

Jubiläumskind „Jubilee"

Anfang Januar 2001 schließt der Pontifex, nachdenklich und erschöpft, die Heilige Pforte in der „Basilica di San Pietro". Dann zelebriert er vor den 100 000 Gläubigen eine Messe auf dem Petersplatz. Schließlich fährt er auf dem „Papamobile" durch die Korridore der Menschenmenge. Da reicht ihm ein Pilgerpaar aus den USA ein ganz in Rosa gehülltes, vier Monate altes Baby, das – dem Jubiläum angemessen – Teresa Christine Jubilee heißt. Was dann folgt, ist der Presse zufolge „vielleicht der bewegendste Augenblick beim feierlichen Abschluss des Jubeljahres": Der Papst umarmt das Jubiläumskind und segnet es.

Querdenker aufgewertet

Johannes Paul stellt einen neuen Rekord auf: Er kündigt die Ernennung von 37 Kardinälen an – mehr als bei jedem anderen Kardinalsschub in der Geschichte. Unter den Neuen ist der „Ökumeneminister" Walter Kasper, der früher den Konflikt mit dem Vatikan nicht gescheut hatte. Eine Woche später nominiert der Pontifex überraschend noch sieben weitere Bischöfe für den Kardinalsrang, darunter den Vorsitzenden der Deutschen Bischofskonferenz, Karl Lehmann. Eine Sensation! Denn

Lehmann hatte im Streit um die katholische Schwangerschaftsberatung mehrfach dem Papst widersprochen. Warum diese Aufmischung des Kardinalskollegiums? Eine der Spekulationen, berichtet Vatikankenner Ludwig Ring-Eifel, besagte: Der Papst langweile sich mittlerweile im Kreis von allzu vielen angepassten Purpurträgern. Er liebe die Auseinandersetzung mit konträren Standpunkten – also müssen „sich auch Querdenker daran beteiligen“.

Finsterer Tag

Am 11. September 2001, als islamische Fanatiker mit Flugzeugen die New Yorker Twin Towers zerstören und dabei unzählige Menschen töten, weilt der Heilige Vater in Castelgandolfo. Vom Vatikan informiert, schaltet er den Fernseher ein, sieht die dramatischen Bilder. Am Morgen danach, erinnert sich sein Sekretär Dziwicz, zelebriert der Papst die Messe, dann hält er auf dem Petersplatz eine Generalaudienz. „Ein finsterer Tag in der Geschichte der Menschheit“, klagt er mit Blick auf den 11. September. Und bittet die Gläubigen, vor dem Gebet weder zu applaudieren noch zu singen. „Denn dies ist ein Tag der Trauer.“

Nie wieder Krieg!

Johannes Paul II. ist entschlossen, etwas gegen die fundamentalistischen Hassparolen und einen umfassenden Konflikt zwischen „dem Westen“ und „dem Islam“ zu unternehmen. So kommt es zur Neuauflage des Friedenstreffens der Weltreligionen von 1986 in Assisi. Ende Januar 2002 gibt es jene Szene, die sich der Pontifex wünscht: Bischöfe und Kirchenvorsteher aller Konfessionen, Muftis, Rabbiner, Buddhisten und Hindus, scharen sich um den Papst, um Öllampen als Friedenszeichen zu entzünden. Sie versprechen, „alles Mögliche“ gegen den Terrorismus, der dem Geist der Religion widerspricht, zu unternehmen. „Nie wieder Gewalt! Nie wieder Krieg! Im Namen Gottes möge jede Religion Gerechtigkeit, Frieden und Liebe bringen!“, appelliert der Pontifex zum Schluss. Später verschickt er den Text der Erklärung von Assisi an die Staats- und Regierungschefs aller Staaten, aus denen die Teilnehmer des Friedenstreffs gekommen waren.

Totus Tuus, Maria

Im August 2002 reist der Wojtyła-Papst abermals nach Polen. Wieder jubeln ihm seine Landsleute zu. In Krakau feiert er eine Messe vor zwei Millionen Menschen.

Schockiert bemerken die Gläubigen, wie hinfällig er nun ist. Am Ende der Reise pilgert Johannes Paul II. noch einmal zum Wallfahrtsort Kalwaria Zebrzydowska, den er bereits als Jugendlicher mit seinem Vater besucht hatte. Vor dem Marienbild betet er:

Heiligste Mutter,
Unsere Liebe Frau von Kalwaria,
erwirke auch für mich
die Kraft des Leibes und des Geistes,
damit ich meine Sendung ...
bis zum Ende erfüllen kann.
Totus Tuus, Maria! Totus Tuus.

Der Herr kann alles

Eine Papstaudienz mit ungewöhnlichem, „technischem" Hintergrund: Johannes Paul empfängt den Vorstandschef der Firma „Deutsche Solar", Frank Asbeck – denn dieses Unternehmen aus Freiberg in Sachsen hat dem Vatikan eine komplette Solarstromanlage für das Dach der Audienzhalle „Paul VI." angeboten. Asbeck überreicht dem Pontifex eine Solarzelle mit den Worten: „Heiliger Vater, aus Sand und Sonne können wir Strom machen." Darauf Papst Wojtyła: „Ich weiß, der Herr kann alles." Asbeck gibt zu: „Damals hab ich ganz schön alt ausgesehen." Die Schenkung aus Sachsen kommt später tatsächlich zustande – insgesamt 2000 Solarmodule werden auf dem Dach der Audienzhalle installiert.

Silbernes Pontifikatsjubiläum

Ein höchst seltenes Ereignis der Kirchengeschichte: 25 Jahre nach der Wahl Karol Wojtyłas zum Papst feiert man Mitte Oktober 2003 im Vatikan das silberne Pontifikatsjubiläum. Der Jubilar wird mit Ehrungen überhäuft. Das Bistum Rom schenkt seinem Bischof eine Ikone der (in einer örtlichen Wallfahrtskirche verehrten) „Madonna del Divino Amore". Chor und Orchester des Mitteldeutschen Rundfunks geben ein Konzert im Vatikan mit Beethovens 9. Symphonie. Höhepunkt der Feierlichkeiten? Ein Gottesdienst auf dem Petersplatz mit zahlreichen Kardinälen, Bischöfen, Priestern sowie Delegationen aus 19 Ländern. In seiner Predigt bekräftigt der 83-jährige Papst, dass er – obschon physisch geschwächt – sein Amt fortführen wird. „Jesus ermutigt mich, diese mir anvertraute Verantwortung weiterzutragen", sagt der Pontifex mit zitternder Stimme.

„Selige“ Mutter Teresa

„Wenn ich könnte, würde ich meinen päpstlichen Dienst von hier aus tun“, hatte Johannes Paul erschüttert Mutter Teresa zugeflüstert, als er sie 1986 im „Haus der Sterbenden“ in Kalkutta besuchte. Schon ein Jahr nach ihrem Tod 1997 beginnt aufgrund einer Sondergenehmigung des Papstes der Seligsprechungsprozess für die Ordensgründerin. 2002 gibt Johannes Paul durch zwei Dekrete grünes Licht, dass Mutter Teresa zur Ehre der Altäre erhoben wird. Und am Missionssonntag, dem 19. Oktober 2003, ist es soweit: Auf dem überfüllten Petersplatz findet die Seligsprechung des „Engels der Armen“ statt. Das entsprechende Verfahren ist das dahin kürzeste in der jüngeren Kirchengeschichte.

Letztes Pilgerziel: Lourdes

Johannes Paul II., inzwischen 84 Jahre alt, unternimmt seine letzte Pilgerreise – in den südfranzösischen Wallfahrtsorts Lourdes. Wie andere (meist kranke) Pilger auch, trinkt er das „Heilige Wasser“ und verharrt 20 Minuten lang betend vor der Marienstatue in der Erscheinungsgrotte. Während einer eindrucksvollen Prozession zum Rosenkranzgebet sagt der Papst mit zitternder Stimme: „Ich knie mich hier nieder ... und dabei fühle ich die große Freude, dass ich das Ziel meiner Pilgerfahrt erreicht habe."

Karol der Große

Als Anfang 2005 in Rom der angesehene Vatikanjournalist Domenico Del Rio stirbt, entdeckt man in seinen Papieren das Manuskript eines Werkes über Johannes Paul II. mit dem Titel „Karol il Grande". Ein Titel also, der ins Deutsche übersetzt an Kaiser „Karl den Großen" erinnert. Del Rio, einst Mönch und dann Kirchenspezialist bekannter Zeitungen, hatte den Wojtyła-Papst auf vielen Reisen begleitet und schon mehrere gescheite, einfühlsame Bücher über ihn geschrieben.

Stummer Ostersegen

Vom Februar 2005 an verschlechtert sich der Gesundheitszustand des Heiligen Vaters rapide – und für unzählige Katholiken erschreckend. Akute Atemwegsentzündung, Operation mit Luftröhrenschnitt, wachsende Sorge, dass Johannes Paul nicht mehr sprechen kann. Tatsächlich: Am Ostersonntag erscheint der Papst schweigend am Fenster seines Arbeitszimmers, und schweigend segnet er die Stadt und den Erkreis. Zum ersten Mal spricht Johannes Paul die Formel „urbi et orbi“ nicht, sondern beschränkt sich auf das dreimalige Kreuzzeichen. Über 100 000 auf dem Petersplatz präsente Gläubige erleben die Szene mit; der „stumme Segen“ treibt ihnen die Tränen in die Augen. Und Millionen Menschen verfolgen übers Fernsehen, wie der Heilige Vater vergebens zu sprechen versucht. Ein Schock ...

„Lasst mich zum Herrn gehen“

Ende März 2005 beginnt der letzte Leidensweg von Johannes Paul II. Sein Gesundheitszustand verschlechtert sich drastisch. Weltweit versammeln sich Katholiken in den Kirchen und beten für den sterbenden Pontifex. Tausende von Gläubigen beten und singen unter den erleuchteten Fenstern der päpstlichen Wohnung im Vatikan. Am 2. April kommt das Ende. Wojtyłas Sekretär Dziwicz berichtet: Der Papst konnte kaum mehr sprechen. Auf seinen Wunsch las man ihm das Johannesevangelium vor. Plötzlich flüsterte er der ihn betreuenden Schwester Tobiana zu: „Lasst mich zum Herrn gehen.“ Gegen 19 Uhr fiel er ins Koma, um 21:37 Uhr starb er. Sein Arzt beugte sich über ihn, hob den Blick und sagte: „Er ist in das Haus des Herrn hinübergegangen.“ Kurz darauf läuteten Trauerglocken in aller Welt.

Die Trauerfeier – ein Weltereignis

8. April 2005: Die Totenmesse für Johannes Paul II. ist wohl eine der größten Trauerfeiern in der Weltgeschichte. Mehrere Millionen Menschen nehmen, zumeist mittels riesiger Bildschirme auf römischen Plätzen, daran teil. Über 200 Staats- und Regierungschefs sind präsent, darunter George W. Bush aus Washington, Jacques Chirac aus Paris, Gerhard Schröder aus Berlin, aber auch „politische Todfeinde" wie die Präsidenten von Israel und Syrien. Kardinaldekan Joseph Ratzinger würdigt den Verstorbenen. „Jetzt steht Johannes Paul im Haus des Vaters am Fenster und sieht und segnet uns", sagt er. Auch auf dem Gelände der Universität Tor Vergata, wo der Pontifex im Sommer 2000 den Weltjugendtag feierte, verfolgt man über Bildschirme die Trauerfeier. Und die Universität beschließt, das ganze Gelände „Campus Giovanni Paolo II" zu taufen.

„Santo subito" – bald heilig?

Am Ende der Trauerfeier auf dem Petersplatz fordern Verehrer Johannes Pauls (vor allem aus Italien und Polen) eine schnelle Heiligsprechung „ihres" Papstes. Minutenlang rufen sie „Santo subito", zu Deutsch: „Sofort heilig". Die Diskussion um eine baldige Kanonisierung des Verstorbenen war indirekt allerdings schon von Angelo Sodano, bis zum Tod des Papstes Kardinalstaatssekretär, angestoßen worden. Denn bei der Messe am Tag nach dem Tod des Pontifex sagte Sodano: „Johannes Paul der Große starb in vollkommener Gelassenheit – der Gelassenheit der Heiligen."

Jan, Pawel, Karol ...

In Wojtyłas Heimatland führt die Verehrung für den gerade verstorbenen „Jahrhundertpapst" dazu, dass man nicht bloß manche Plätze nach ihm benennt, sondern auch Babys. So lässt eine polnische Mutter ihre am 6. April 2005 geborenen Drillinge Jan, Pawel und Karol taufen. Eine Hommage für den größten Sohn Polens.

Sein Leibarzt erinnert sich

Dr. Renato Buzzonetti, der langjährige Leibarzt des Heiligen Vaters, fasst seine Erinnerungen an die Zeit mit dem sterbenden Pontifex in einem Buch zusammen. Eine Erfahrung, die sein Leben prägte (so schreibt er), war natürlich die, „als Arzt und als Christ den Tod des

Papstes zu begleiten". Buzzonetti spricht vom „Privileg und die Ehre, seine Hand zu halten". Und: Er habe viel von Johannes Paul gelernt: „Denn er half mir, ein besserer Arzt zu werden. Durch ihn habe ich wirklich verstanden, dass der Arzt dem Menschen dient."

Requiem für Johannes Paul

Nachrufe auf den Wojtyła-Papst in geradezu überschwänglichen Worten erscheinen, wie anders, hauptsächlich in seiner Heimat. Auch der berühmte polnische Komponist Krystof Penderecki plant etwas Besonderes für seinen bedeutenden Landsmann. Lange schon arbeitete er an einer religiösen Komposition, doch es fehlte der Schlussteil. Nun jedoch betont er: „Am Todestag des Papstes entschied ich, das noch unfertige polnische Requiem zu vollenden und es Johannes Paul zu widmen."

Mexikanische Friedenstaube

Die römische Totenmesse für Johannes Paul II. wird natürlich auch von den Gläubigen in der „Città del Messico" verfolgt. Aus der dortigen Nuntiatur unternimmt das „Papamobile“, das der Pontifex bei seinen Besuchen in der mexikanischen Metropole gebrauchte, eine Art Trauerfahrt durch die Stadt bis hinaus zur Basilika von Guadalupe, wo Zehntausende über riesige Bildschirme die bewegende Zeremonie von der Piazza San Pietro verfolgen. Ein vom Papst bei einer Messe in Mexiko benützter Stuhl wird demonstrativ an den Eingang der Basilika gestellt. Und so geschieht es: Während das Fernsehen zeigt, wie ein Windstoß über den Petersplatz fegt, setzt sich eine Taube auf den Papststuhl. Eine Friedenstaube.

Anhang

Johannes Paul II.: Die wichtigsten Lebensdaten

1920 Geburt Karol Wojtyłas in Wadowice

1938 Abitur am Gymnasium; Beginn des Polonistik-Studiums in Krakau

1939 Ausbruch des Zweiten Weltkriegs; Besetzung Polens. Wojtyła wird Arbeiter in einem Steinbruch.

1942 Aufnahme in das Krakauer Priesterseminar im Untergrund

1946 Priesterweihe, anschließend weitere Studien und Doktorarbeit in Rom

1948 Kaplan in einer polnischen Landpfarrei

1953 Habilitation an der Universität Krakau; danach Dozentur für Ethik

1958 Ernennung zum Weihbischof in Krakau

1962-65 Teilnahme am Zweiten Vatikanischen Konzil

1964 Wojtyła wird Erzbischof von Krakau

1967 Ernennung zum Kardinal

1978 Wojtyłas Wahl zum Papst; er nennt sich Johannes Paul II.

1979 Reisen nach Mexiko, Polen, USA. Erste Enzyklika „Redemptor hominis“ (über den Erlöser)

1980 Reisen nach Afrika sowie nach Deutschland. Sozialenzyklika „Laborem exercens“

1981 Lebensgefährliche Verletzung durch das Attentat auf dem Petersplatz

1983 Reisen nach Polen und Österreich

1984 Reisen nach Ozeanien, in die Schweiz und nach Kanada

1985 Reisen in die Benelux-Staaten und nach Afrika

1986 Reisen nach Indien, Frankreich, Australien

1987 Reisen nach Südamerika und Deutschland

1988 Reisen nach Südamerika und Österreich

1989 Reisen nach Spanien, Skandinavien, Indonesien

1991 Sozialenzyklika „Centesimus annus“.
Reisen nach Ungarn und Brasilien

1993 Enzyklika „Veritatis splendor“ (Glanz der Wahrheit).
Teilnahme am Weltjugendtag in Denver, USA; Reise in die drei baltischen Republiken

1994 Nach Oberschenkelhalsbruch Einsetzung einer Hüftprothese; Reise nach Kroatien

1995 Reise zum Weltjugendtag in der philippinischen Hauptstadt Manila, nach Tschechien und in die USA; Enzyklika „Evangelium vitae“ (über den Wert und die Unantastbarkeit des menschlichen Lebens); Enzyklika „Ut unum sint“ (über den Einsatz für den Ökumenismus)

1996 Dritte Deutschlandreise

1997 Reisen nach Sarajewo (Bosnien) und Beirut (Libanon)

1998 Reisen nach Kuba, Nigeria, Österreich.
Enzyklika „Fides et ratio“ (über das Verhältnis von Glaube und Vernunft)

1999 Reisen nach Rumänien, Polen, Georgien

2000 Großes Jubiläum und zugleich ein Heiliges Jahr; Reisen nach Ägypten, ins Heilige Land und nach Fatima (Portugal); 80. Geburtstag des Papstes

2001 Ernennung von 44 neuen Kardinälen, darunter den Deutschen Johannes Joachim Degenhardt, Walter Kasper, Karl Lehmann und Leo Scheffczyk
Mai: Pastoralvisiten in Griechenland, Syrien, Malta
Juni: Reise in die Ukraine
Juli: Audienz für US-Präsident George W. Bush
September: Pastoralvisite in Kasachstan und Apostolische Reise nach Armenien anlässlich des 1700-jährigen Bestehens des dortigen Christentums

2002 Mai: Reise nach Aserbaidschan und Bulgarien
Juni: Heiligsprechung von Pater Pio mit einem Teilnehmerrekord von 300 000 Pilgern
Juli: Teilnahme am Weltjugendtag in Toronto, anschließend Kurzbesuche in Mexiko, besonders zur erstmaligen Heiligsprechung eines Indios, und in Guatemala
August: Pastoralvisite in Polen, anlässlich der Weihe einer Wallfahrtskirche in seiner Heimatdiözese Krakau
Oktober: Heiligsprechung von Josemaria Escriva de Balaguer, dem Gründer und langjährigen Leiter des Opus Dei

2003 Juni: Pastoralreise nach Kroatien und damit 100. Papstreise außerhalb Italiens

Oktober: 25. Jahrestag der Wahl Karol Wojtyłas zum Papst; Kurz danach Seligsprechung von Mutter Teresa von Kalkutta

2004 März: Der Papst erhält den erstmals vergebenen außerordentlichen Aachener Karlspreis.

August: Seine 104. und letzte Auslandsreise führt den Pontifex nach Lourdes.

2005 Februar: Das letzte Buch von Johannes Paul II. erscheint, mit dem Titel »Erinnerung und Identität«. Der Papst wird an der Luftröhre operiert; fast drei Wochen Krankenhaus-Aufenthalt

Ostern: Erstmals in seinem Pontifikat kann Johannes Paul II. nicht die Gottesdienste der Karwoche leiten.

1. April: Der Gesundheitszustand des Papstes verschlechtert sich rapide.

2. April: Johannes Paul II. stirbt um 21. 37 Uhr im Vatikan.

3. – 7. April: Unzählige Gläubige erweisen dem im Petersdom aufgebahrten Papst die letzte Ehre.

8. April: Zum Begräbnis des Papstes kommen Top-Politiker und Millionen Pilger nach Rom. Johannes Paul II. wird wie viele seiner Vorgänger unter dem Petersdom, nahe dem Grab des heiligen Petrus, feierlich beigesetzt.

2011 1. Mai: Seligsprechung Johannes Pauls II. durch seinen Nachfolger Benedikt XVI. auf dem Petersplatz